今こそ知りたい！ 三権分立

① 立法権ってなんだろう

監修／山根祥利（山根法律総合事務所）
平塚晶人（新東京総合法律事務所）
編／こどもくらぶ

あすなろ書房

はじめに

2015年6月、「選挙権(選挙で投票する権利)」を得られる年齢が、戦後でははじめて引き下げられるという大きな出来事がありました。これまで「20歳以上」だったのが、高校生をふくむ「18歳以上」が、衆議院議員選挙(衆院選)や参議院議員選挙(参院選)などで投票できるようになったのです。2016年7月には、18歳以上としてから初となる、国政選挙(参院選)がおこなわれました。

選挙権年齢の引き下げをきっかけに、小中学校でも政治や選挙のしくみをくわしく教えたり、選挙権をもつ「有権者」としての責任をしっかり教育したりしようとする学校がふえています。

しかし実は、選挙制度には「1票の格差」という不平等が生じています。「1票の格差」とは、主に衆院選や参院選において選挙区ごとの人口に大きな差があるせいで、有権者が投じる1票の価値に差ができることをいいます。日本の最高法規である日本国憲法では、第14条1項で「法の下の平等」を定めています。ところが、この1票の格差が大きくなり、「法の下の平等」に反するほどになっているのです。

近年、最高裁判所(最高裁)は、2009年の衆院選をはじめ、参院選をあわせた合計5回について、「法の下の平等」に反しているとして、1票の格差が「憲法違反の状態(違憲状態)」にあるとの判断を下すようになっています。

最高裁が「違憲」とすると、国が定めた法律であっても、内閣総理大臣が下した命令であっても、効力を失うことになっています。ただし選挙の場合、選挙を無効とすると大きな混乱が生じます。そこで、今のところは「違憲」までふみこまず、「違憲状態」という「違憲」の一歩手前の判断にとどまっているのです。違憲状態の場合、選挙制度の改善は必要であるものの、選挙自体はやりなおさなくてもよいということになっています。

選挙制度を改善するのは、国会の仕事です。ところが

2009年以降、1票の格差は充分に解消されてきませんでした。このままでは、最高裁は有権者の権利を守るために、「選挙のやり直し」を命じる可能性も出てきています。

こ のように最高裁が強い権力をもっているのには、わけがあります。

人は、権力をにぎると、好き勝手にふるまって権力をもたない人たちを支配し、苦しめることがあります。そこで日本では、権力を一つのところに集中させず分散させて、権力同士がたがいに監視しあうことで好き勝手をさせないしくみをとっているのです。日本国憲法が定める権力には、国会がもつ「立法権」、内閣がもつ「行政権」、最高裁を頂点とする裁判所がもつ「司法権」の三つがあります。この三権がたがいにチェックしあうしくみが、「三権分立」です。

最高裁と国会の「1票の格差」をめぐる権力関係は、このチェック機能の一例です。

日 本国憲法はさまざまなことを定めていますが、それらの多くは国民の権利を守るためにあるものです。憲法とは、権力者が好き勝手をして国民の権利をないがしろにしないように、国民が権力者に「これだけは守れ」と命令しているものなのです。これは、立法主義の考えにたつものです。

それでは、どうやって権力者に憲法を守らせるのか？そのために欠かせないシステムが、三権分立です。ですから私たちは、日本国憲法や三権分立のしくみについてしっかり学んでおかなくてはなりません。

こ のシリーズでは、1巻ごとに三権について、それぞれどのような権力をもっているのかくわしくみていきます。

❶ 立法権ってなんだろう
❷ 行政権ってなんだろう
❸ 司法権ってなんだろう

もくじ

はじめに …………………………………… 2
この本の使い方 …………………………… 5

パート1　憲法ってなんだろう

1. 「憲法」の誕生 ………………………… 6
2. 国のあり方を決めるのは、だれ？ …… 8
   国家（国）とは？ ……………………… 9
3. 日本初の近代憲法「大日本帝国憲法」…10

パート2　日本国憲法と立法府のしくみ

1. 日本国憲法のなりたち ………………12
2. 国会が「三権」の最高機関 ……………14
3. 国会はどんなところ？ ………………16
   二院制 ……………………………………18
4. 国会議員は「全国民の代表」…………20
5. 選挙のルールとしくみ ………………22
   選挙権の歴史 ……………………………24
6. 国会が開かれるとき …………………26
7. 法律ができるまで ……………………28
8. 国際条約と憲法の関係 ………………30
   国会が憲法改正を発議する ……………32

パート3　立法府がもつチェック機能

1. 内閣に対する権限 ……………………34
2. 裁判官もやめさせられる「弾劾裁判」…36
   国会の調査権 ……………………………38

パート4　見学！国会ツアー

・国会議事堂見取り図 ………………40
・中央玄関・議員登院口・中央広間・
　議場（本会議場）……………………42
・委員会室・大臣室・議長室・
　議長応接室 …………………………44
・中央塔・議員食堂・御休所 ……………46
　外国の国会議事堂 ………………………48

資料編

①本文で登場する日本国憲法条文 ……49
②用語集 …………………………………52
　さくいん ………………………………54

この本の使い方

この本では、巻の内容を4つのパートに分けてくわしく解説しています。各パートごとに通し番号がついています。

見出し
この見開き、またはページでとりあげるテーマです。

もっとくわしく
この見開き、またはページの内容に関して、さらにふみこんだ内容をのせています。

青字
文中で青字になっている言葉は、巻末の用語解説ページでくわしく解説しています。

関連する条文
この見開き、またはページの内容に関連する日本国憲法条文＊です。ここにあげた条文は、資料編にのっています。

コラム
各パートのテーマに関連する話題をくわしくとりあげます。

資料編ページ
本文に出てくる内容に関連する条文や、本文の文中で青字になっていた用語解説のページです。

＊日本国憲法の条文では第1項に「1」の番号はふられていませんが、この本ではわかりやすくするために「1項」と表記しています。

パート1　憲法ってなんだろう

1 「憲法」の誕生

「憲法」とは、国の基本となる「きまり（ルール）」のことです。もっと正確にいえば、ほかの法律や命令などで変更することができない、国家最高のきまりです。

王がルール

昔、憲法は、どこの国にもありませんでした。王や皇帝（君主）など、とても強い権力をもつ人が国をおさめていて、その人のいうことが「きまり（ルール）」でした。

でも、王でもまちがえることはあります。そ れどころか、国をよりよくしようとか、人びとのためになることをしようなどとは考えないで、自分の好き・きらいだけで、勝手なことをしたり、人びとを苦しめたりする王や皇帝もたくさんいました。その結果、国がおとろえ、ほろびてしまうことは、歴史上いくらでもありました。

世界初の憲法

13世紀はじめのイギリスでは、王たちが国をおさめていました。でも、その当時の王は、自分たちだけで、なんでも決めることができたわけではありませんでした。王は貴族や聖職者などから税金をとるかわりに、かれらに議会をつくらせ、王に対して意見をいう権利をあたえていたのです。

ところが1199年に即位したジョン王は、あらゆることを自分ひとりで勝手に決めようとしました。そのため、貴族などが、ジョン王にはげしく反発。議会の同意を得なければ税金をとらないよう王にせまったのです。

その結果、議会の意見を無視できなくなったジョン王は、しかたなく、新たな税金をとろうとするときに議会の承認を得ることを約束しました。これが、「大憲章（マグナカルタ）」とよばれる、王であっても権力が制限されることなどが明記された文書で、世界ではじめての憲法といわれるものです。マグナカルタは、国のあり方を決める権利（「主権」→P8）が国民にもあるという考えを、世界中にうみだす大きなきっかけとなりました。

税金をとり放題だなんて！

ひどい！おこづかいもなくなっちゃう！

1215年、「大憲章（マグナカルタ）」に署名するジョン王。

「権利の章典」の成立

ところが、イギリスではマグナカルタが登場してからも、議会の権利を無視したり、軽くあつかったりする王が次つぎに出てきました。そのたびに議会が王に反発。議会の権利の再確認をさせるという状況がくりかえされました。

そうしたなか、1685年にあらたに王位についたジェームズ2世のやり方は、あまりにひどいものでした。たえかねた議会は、国民の支持を得て、1688年に王を追放。同年にはあらたに王をむかえました。翌年、議会は王を選んだり、やめさせたりする権利を獲得すると、立法権（→P14）、課税権、軍事権などの権利をもつことを書いた権利宣言を議会で採択し、王に承認させたのです。これこそが、のちに世界各国の憲法のもとといわれる「権利の章典」です。

ジェームズ2世
（1633～1701年）

モンテスキューの三権分立の理念

「権利の章典」をつくったイギリスの貴族や国民の動きは、隣国のフランスにも大きな影響をあたえました。そのひとつが、フランスの法学者モンテスキューがイギリスの議会制度を参考にして、1748年に刊行した『法の精神』のなかでといた「三権分立論」です。

「三権分立論」とは、権力を3つに分けて、たがいに監視しあうしくみについての理論です。それには、議会が権力をもつ一方、議会が暴走するのをふせぐ目的がありました。

モンテスキューの三権分立の理論は、1787年に制定されたアメリカ合衆国憲法で、はじめて取りいれられました。そして、フランスでも1791年に、三権分立のしくみをもつ最初の憲法が制定されました。

シャルル・ド・モンテスキュー
（1689～1755年）

「権利の章典」をみとめることを条件に、オランダからむかえられたウィレム3世とメアリー2世。　写真：共同通信社／ユニフォトプレス

2 国のあり方を決めるのは、だれ？

ヨーロッパ各国やアメリカで憲法が誕生していくなか、「国民主権」という考えが、どんどん広まっていきました。

君主主権から国民主権へ

「主権」とは、国をどうしていくのか、政治をどのようにやっていくのかなどを決める権利をさすことばです。

17～18世紀のヨーロッパでは、主権は「君主（王や皇帝）」にありました。君主は国民の意見にはまったく関心がなく、自らの考えで国の政治をおこない、国を運営していたのです。

しかし、イギリスで「権利の章典」ができたのち、状況が大きくかわってきました。ほとんどの国で憲法がつくられていったのです。そして多くの国で、主権は君主にある（「君主主権」）という考えが消え、国民が国のあり方を決める権利をもつ「国民主権」という考えが登場。そして、国民が、国のあり方を決める人（代表者）を選ぶようになっていきました。

ところが、国民が選んだ代表者のなかにも、好き勝手なことをする人はいました。その結果、国民の権利や自由を保障すると明記した憲法をつくって、国民の代表者に守らせることになったのです。

それでも憲法を無視して、好き勝手をおこなう代表者もいました。そういう代表者に対抗するために有効に機能したのが、三権分立（→P7）というしくみでした。

民主主義の基本

国民主権の国では、国民が意見を出しあって国の政治を動かしていきます。こうした政治のあり方を「民主主義」といいます。

民主主義政治の基本は、話しあいで決めることです。しかし、国民全員で話しあうというのは、現実的にできることではありません。そこで、国民が代表者を選んで、その代表者が話しあって政治を動かしていくことにしました。それが民主主義政治です。

話しあいで決めるには、時間がかかります。意見がなかなか一致しないこともあります。話しあいがまとまらない場合、「多数決」で決めることもあります。

時間をかけても意見がまとまらないこともあるよ。

2人で話しあうのだってたいへんだよね。

もっとくわしく　多数決とは

「多数決」とは、会議などで全体の意見がいくつかにわかれたとき、賛成者の多い考えを採用すること。ただし、多数決は少数者の権利をふみにじる危険がある。そこで、少数意見を尊重して、決まった内容を修正していく姿勢が重要だとされている。

「国家（国）」とは？

「国家（国）」と「国家の3要素」

現在の国際社会では、ある地域が「国家（国）」としてみとめられるには、「国土」「国民」「主権」の3つの要素がそろっていなければならないとされています。

- **国土**：その国が支配する定まった範囲の土地のことで、主権がおよぶ範囲をさす。「領土」や「領域」とよぶこともある。領土のなかでは、その国の法律が適用される。なお「土」という漢字がつかわれるが、海にも「領海」といわれる「領土」がある。
- **国民**：その国の政治のあり方を決める人びとのこと。
- **主権**：ほかの国の支配や干渉を受けない独立した政府（主権）があること。

「国家の3要素」を満たしても

沖縄のすぐ南方にある台湾には、領土があって、そこにはほかの国の支配や干渉を受けない政府があり、その国の政治のあり方を決める権利をもつ人びとが住んでいます。ところが、そうした台湾を、アメリカや日本などは、「国家」としてみとめていないのです（「地域」とよんでいる）。しかし、世界のほとんどの国は、台湾を国家として承認しています。

IS（イスラム国）が2014年、「国家」の樹立を宣言しました。しかし、国際社会は、ISを国家としてみとめていません。ところが、ISには、「国家の3要素」がそろっているといわれています。

このように、現在は、「国家の3要素」がそろっている場合でも、他国からみとめられなければ、「国家（国）」とはよべないという考えがふつうになっています。

新しい「国家」のかたち

現在世界各地には、EUのように、いくつかの国が集まってひとつの国家共同体をつくっている地域があります。EUの場合、各国の議会とは別に、EU議会があって、各国の国民が選挙でEU議員を選び、彼らによってEUが運営されています。

■：EU加盟国　　2016年現在

3 日本初の近代憲法「大日本帝国憲法」

ヨーロッパでは、多くの国が18～19世紀に憲法をつくっていきました。1868年に明治時代をむかえた日本でも、憲法をつくろうという動きがはじまりました。

大日本帝国憲法の発布式のようす。

「憲法発布式之図」（井上探景）衆議院憲政記念館所蔵

日本で最初の近代憲法

18～19世紀には、憲法にもとづく法律が整備された国（「法治国家」とよぶ）であることが、近代国家としてみとめられる条件のように考えられていました。そのため、ヨーロッパの国ぐにには、あいついで憲法をつくっていきました。そうしたなか、富国強兵により、ヨーロッパやアメリカに追いつこうとしていた日本でも、憲法をつくる動きが活発になっていきました。

日本は、1850年成立のプロシア憲法（ドイツ）を参考にして憲法をつくろうとしました。

当時プロシアは、皇帝を中心に軍の力で国を強くする政策をとっていました。明治政府は、それにならい、天皇を中心とした政治体制をつくろうとしたのです。こうして、1889年2月11日、「大日本帝国憲法」が成立しました。

伊藤博文（1841～1909年）。1882年、ヨーロッパへ憲法の調査におもむいた。

国民は「臣民」

「大日本帝国憲法」では、天皇の祖先は神であり、天皇が主権をもつとされていました。

天皇は、国家のリーダーとされ、軍隊を指揮する「統帥権」をもち、絶対的な地位にありました。

立法権（帝国議会）、行政権（内閣）、司法権（裁判所）の三権による、三権分立のかたちができていましたが、それらはあくまで、政治をおこなう天皇を助ける役割のものでした。

また、国民は、天皇に支配される「臣民」でした。臣民には、次の「臣民の三大義務」が定められていました。

- **納税の義務：**
  臣民は税金をおさめなければならない。
- **兵役の義務：**
  臣民は一定期間軍隊に入らなければならない。
- **教育を受ける義務：**
  憲法に規定はなかったが、勅令として義務教育が定められた。

個人の権利はみとめられていましたが、大きく制限されたものでした。

たとえば、信教の自由は、臣民の義務にそむかないという条件つきでした。そのため、完全な自由とはいえない状態でした。また、天皇に対する批判は絶対にみとめられず、言論の自由はありませんでした。1925年に治安維持法ができてからは、言論の自由はいっそう大きく制限されました。

今の憲法とちがうところがたくさんあるんだね。

兵役の義務があったんだ！

国民は憲法の内容がわからないながらも、盛大に祝い、歓迎したという。

「憲法発布上野賑」（勝月）衆議院憲政記念館所蔵

パート2　日本国憲法と立法府のしくみ

1　日本国憲法のなりたち

「日本国憲法」は、「大日本帝国憲法（→P10）」を改正するかたちでつくられました。それ以来ずっと日本の国のあり方を定める基礎として大切にされてきました。

日本国憲法のご署名原本。
写真：国立公文書館

日本国憲法の誕生

1945年8月、第二次世界大戦に負けた日本は、連合国軍最高司令官総司令部（GHQ）の支配下におかれました。

GHQは日本に対し、「国民主権」や「基本的人権の尊重」をとりいれた新しい憲法をつくるよう求めました。また、GHQは、日本の非軍事化と民主化を進め、二度と戦争を起こさない国にするために、戦争を止めることができなかった大日本帝国憲法を改正しなければならないと考えました。

そこで日本政府に対し、憲法改正案をつくるよう指示。しかし日本政府がつくった憲法改正試案は、民主化とはほど遠いものでした。そこでGHQは、当時日本の民間団体がまとめていた「憲法改正要綱」を参考にして、自分たちで憲法草案をつくり、日本政府に提出。日本政府がそれをもとに日本政府案を作成して、「憲法改正案」を発表しました。

1946年4月、女性の選挙権をみとめた新選挙制度のもとで衆議院議員総選挙がおこなわれ、39名の女性国会議員が生まれました。日本で完全普通選挙（→P25）がおこなわれたのはこのときがはじめてです。その後まもなく、「憲法改正案」が衆議院と枢密院で可決され、成立。1946年11月3日に日本国憲法が公布され、翌年5月3日から施行されました。

天皇は「日本国の象徴」

日本国憲法（→P13）では、国民に主権があるとされ、天皇は権力をもたない「日本国の象徴」であり、「日本国民統合の象徴」とされました 第1条 。

天皇の仕事は、内閣の助言と承認を得て、直接政治に影響しない国事行為にかぎられました 第7条 。「国事行為」とは、主に国の重要なことがらをみとめるためにおこなわれる儀式などのことです。

日本国憲法前文と「三大原理」

　日本国憲法は「前文」と「本文」からなっています。前文では、日本国憲法は、どのような考えでつくられていて、なにを目的とするのかなどが述べられています。

　本文では、日本国憲法の大きな柱である「国民主権」「基本的人権の尊重」「平和主義」の三大原理について述べられています。

　なお前文は、条文がどんな意味なのかを考えるときの判断材料となるものだとされていて、本文は、前文の基本原理をさらに具体的に定めています。全部で103の条文があり、11の章に分けられています。

　11の章のうち、第3章が、もっとも条文が多く、国民の権利と義務についてこまかく定めています。これは前文で述べている国民主権の内容を具体的に明記することで、国民の権利を国家権力によって侵害されないよう保障することがねらいだといわれています。

●日本国憲法の構成

第1章	天皇	第1条〜第8条
第2章	戦争の放棄	第9条
第3章	国民の権利及び義務	第10条〜第40条
第4章	国会	第41条〜第64条
第5章	内閣	第65条〜第75条
第6章	司法	第76条〜第82条
第7章	財政	第83条〜第91条
第8章	地方自治	第92条〜第95条
第9章	改正	第96条
第10章	最高法規	第97条〜第99条
第11章	補則	第100条〜第103条

　また、第9条は、前文にある平和主義をさらに強調したもので、日本国憲法のなかでもっとも注目を集める条文のひとつです。

もっとくわしく　日本国憲法はだれがつくったのか

　2016年の7月の参議院議員選挙の結果、改憲賛成派がはじめて全議席数の3分の2をこえ、憲法改正（→P32）の提案をすることが可能になった。憲法改正の議論がもりあがるなか、日本国憲法の原案がGHQによってつくられたことから、日本国憲法を「おしつけられた憲法」だという人がいる。

　しかし、原案には、日本からも修正を加え、最終的には国民から大きな賛同とともに受けとめられてきたことは事実だ。また、日本国憲法の前文には、「日本国民が憲法を確定した」と明記されている。これは、日本国憲法をつくったのは日本国民であって、それを改正する権利も日本国民がもっているという意味だと考えられている。

児童会でもルールをつくっているよね。

前からあるルールだって守っているよ。

2 ▶ 国会が「三権」の最高機関

日本国憲法第41条には、「国会は、国権の最高機関であって……」と定めています。これは、国民に主権があることを強調していることを意味しています。

日本の三権分立のしくみ

国をおさめる政治のしくみを「統治機構」とよびます。日本の統治機構は、「国会」「内閣」「裁判所」の３つの機関で構成されています。

この３つの機関が、それぞれたがいに監視しあっているのです。そのしくみは、下の図の通りです。こういったしくみを、「チェック・アンド・バランス」といいます。

ただし、日本国憲法では「三権分立」ということばそのものはつかわれていません。立法権を国会に、行政権を内閣に、司法権を裁判所にあたえるとして、実質上、三権分立を定めているのです。

また、日本国憲法では、国民主権の考えから「国会が国権の最高機関」であると書かれていますが、三権は、平等にバランスがとられていて、国会がとくに強い立場にあるようなしくみにはなっていません。

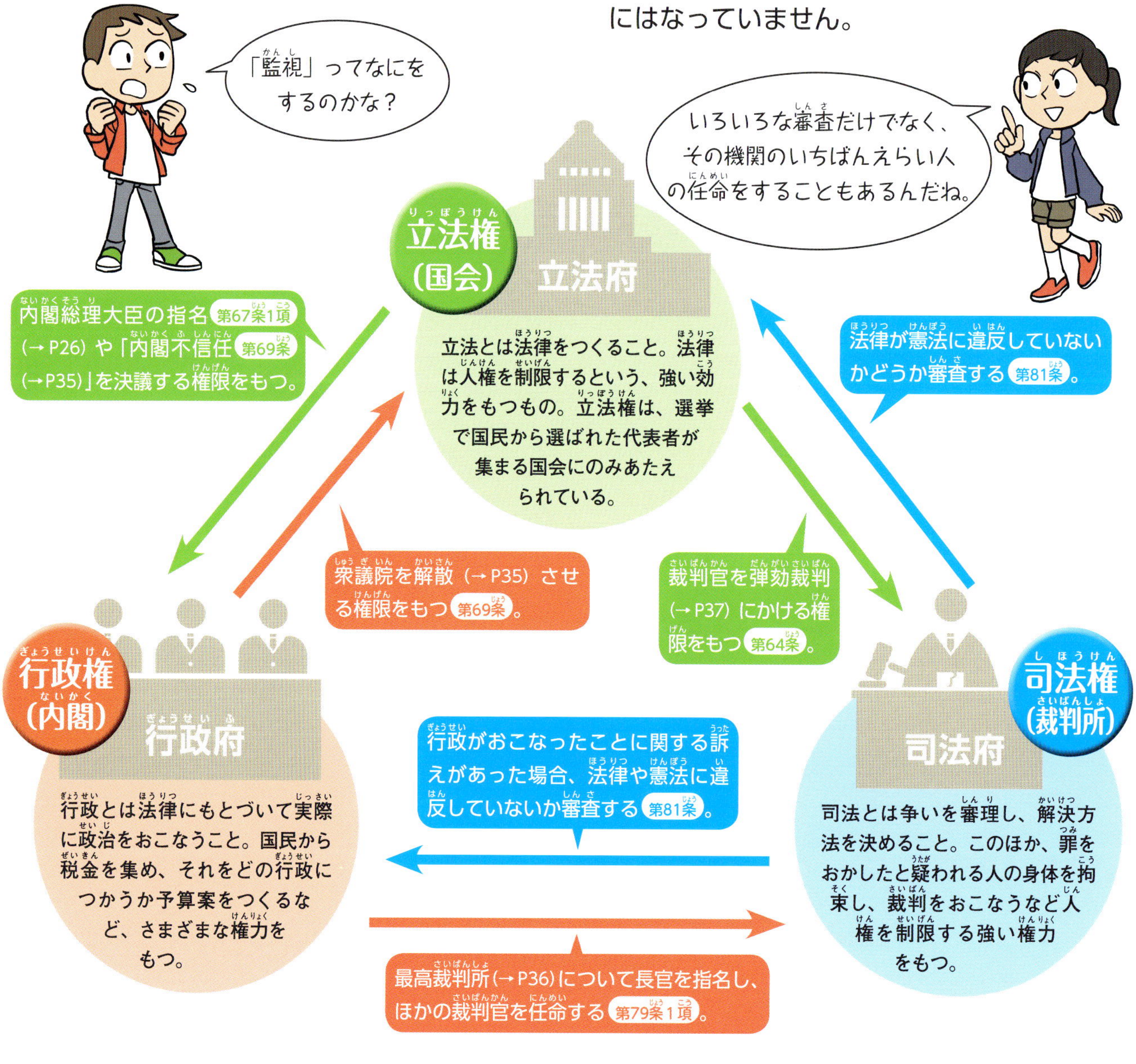

「監視」ってなにをするのかな？

いろいろな審査だけでなく、その機関のいちばんえらい人の任命をすることもあるんだね。

立法権（国会）　立法府

立法とは法律をつくること。法律は人権を制限するという、強い効力をもつもの。立法権は、選挙で国民から選ばれた代表者が集まる国会にのみあたえられている。

内閣総理大臣の指名 第67条1項 （→P26）や「内閣不信任 第69条 （→P35）」を決議する権限をもつ。

法律が憲法に違反していないかどうか審査する 第81条 。

衆議院を解散（→P35）させる権限をもつ 第69条 。

裁判官を弾劾裁判（→P37）にかける権限をもつ 第64条 。

行政権（内閣）　行政府

行政とは法律にもとづいて実際に政治をおこなうこと。国民から税金を集め、それをどの行政につかうか予算案をつくるなど、さまざまな権力をもつ。

行政がおこなったことに関する訴えがあった場合、法律や憲法に違反していないか審査する 第81条 。

最高裁判所（→P36）について長官を指名し、ほかの裁判官を任命する 第79条1項 。

司法権（裁判所）　司法府

司法とは争いを審理し、解決方法を決めること。このほか、罪をおかしたと疑われる人の身体を拘束し、裁判をおこなうなど人権を制限する強い権力をもつ。

パート2　日本国憲法と立法府のしくみ

権力を集中させないしくみ

権力がひとつの機関に集まるしくみになっている政治体制では、権力をにぎる人がなんでも好き勝手にする可能性があります。この政治体制は、「独裁政治」といわれ、古くは紀元前のカエサルや、歴史に名を残すナポレオン、史上最悪の独裁者といわれるナチスドイツのヒットラーなど、世界史上、多くの独裁者が人びとを苦しませてきました。

しかし、現在では、そうした独裁者が独裁政治をできないようにするために、また、権力の暴走をふせぐために、三権分立をおこなう国が多くなっています。それでも、中国や北朝鮮など一部の国では、現在も独裁政治がおこなわれています。

中国では、憲法で中国共産党の独裁体制をみとめています。また、北朝鮮では、戦後、金日成→金正日→金正恩が、三代にわたって独裁政治をおこなってきています。

2015年10月10日に北朝鮮平壌でおこなわれた、朝鮮労働党創建70周年祝賀行事のようす。　写真：AP／アフロ

もっとくわしく

三権分立は「三すくみ」？

三権分立のしくみは、モンテスキューという法学者（→P7）によって提唱され、世界中に大きく広まった理論とされている。しかし、これと似たようなしくみは、もっと昔からあった。しかも人びとの身近に存在するものだった。中国の周の時代に関尹子は、蛙、蛇、蛞蝓の三者が、身動きがとれなくなって均衡状態にあること（「三すくみ」という）について書いている。また、日本が世界に広めた現代の「じゃんけん」のグー、チョキ、パーの関係も、蛙、蛇、蛞蝓の関係と同じ三すくみだ。

しかし、似てるといっても、これは、ひとつが別のひとつに勝ち、もうひとつに負けるという関係だ。モンテスキューの政治理論は、ひとつが別のふたつを監視するというもので、勝ち・負けではない。この点、三すくみとは、まったく異なった考え方である。

3 国会はどんなところ？

法律は、憲法にもとづいて定められる社会のきまり（ルール）です。法律を定めることを「立法」といい、立法をおこなえるのは国会だけです。

参議院本会議場。議員の議席は演壇を中心に半円形におかれている。　　写真提供：参議院事務局

国会は衆議院と参議院の二院制

憲法では、法律を定める権力は、国会だけにあたえられると明記されています 第41条 。

国会は、「衆議院」と「参議院」の２つの議院から構成されています（二院制→P18）第42条 。それぞれ、選挙で選ばれた衆議院議員と参議院議員とよばれる国会議員（→P20）によって組織されています 第43条1項 。

衆議院と参議院には大きなちがいがいくつかあります。たとえば衆議院は、任期（４年）第45条 の途中で「解散（→P35）」することがあります 第7条三号、第54条、第69条 が、参議院は任期（６年）第46条 を終えるまで解散はありません。衆議院は、解散後の総選挙（→P23）で、国民の意思が反映されることから、国民により近いものと考えられています。また、参議院より強い権限をもっています 第59条～61条 。

しかしながら、衆議院は強い権限によって、じゅうぶんに審議せずに法律や予算を成立させてしまうという危険性が指摘されています。

もっとくわしく　法律と条例

法律をつくることができるのは国会だけだが、憲法第94条により、地方公共団体（都道府県・市町村）は、国で定める法律とは別に、それぞれの議会の議決により、独自の法規を制定できる。これを「条例」という。いいかえれば、条例は、国がつくる法律の趣旨にもとづいて地方公共団体が定めた決まり（ルール）である。あくまで法律が優先で、条令が法律にあわないことを定めても無効となる。

パート2　日本国憲法と立法府のしくみ

衆議院の優越

　民主主義の原則は、話しあうこと(→P8)。国会でも、じゅうぶんな議論が必要です。しかし、国会では、衆議院と参議院とで、意見が分かれてまとまらないことがあります。その場合、まず「両院協議会」が開かれ、両議院の代表者による話しあいがおこなわれます 第59条3項、第60条2項 。それぞれ、議案のなかには、はやく決めなければならないこともあります。その際、両議院の意見がまとまらないでいると、さまざまな混乱をまねくことになりかねません。

　両院協議会でも意見がまとまらないときには、重要な事項については、より国民の意思を反映する衆議院の議決を国会の議決とすることになっています。この原則を「衆議院の優越」といいます。

　この原則にもとづき、予算 第60条2項 や内閣総理大臣の指名 第67条2項 (→P34)、また、条約(→P30)の審議 第61条 については、衆議院で議決された通りになります。また、一般の法案については、衆議院でもう一度議決をとり、3分の2以上が賛成すれば、その議決をもって法律として成立します 第59条2項 。

　なお、内閣をやめさせられる「内閣不信任 第69条 (→P35)」案を提出できるのも、衆議院だけにみとめられた大きな権限のひとつ。これも衆議院の優越が背景にあります。

●法律の成立で「衆議院の優越」が使われた主な例

1955年	少年院法の改正に関連する法律
2008年	新テロ対策特別措置法
2008年	道路整備費の財源に関連する法律
2009年	国民年金法の改正に関連する法律
2013年	衆議院の選挙制度改革に関連する法律

「良識の府」の参議院

　衆議院の優越がある一方で、参議院には、衆議院にブレーキをかけて慎重に審議する役割が期待されています。その期待の背景には、解散のない参議院が有する、じっくり審議できる環境があります。実際、国政の重要なことがらについて、参議院の調査会で、約3年にわたって調査した上で法案を提案することもあります。

　このような役割が期待されることから、参議院は「良識の府」「再考の府」といわれています。

　ところが、国会の審議には、すみやかに決定しなければならないことがあります。その場合、参議院に対し、下のように期限がもうけられています。もしそうしないと、自動的に衆議院の議決が、国会の議決として成立(自然成立)してしまいます。

- 予算、条約：30日以内に決議 第60条2項、第61条
- 内閣総理大臣の指名：10日以内に決議 第67条2項

慎重に話しあわなければいけないけど、時間がかかりすぎるのもこまるね。

「良識」や「再考」というからには、適切に判断を下す力も求められるのね。

二院制

二院制では、一院制より充分な話しあいができ、チェックの機会も多いので、議会の暴走をふせぎ、適切な判断ができるといわれています。

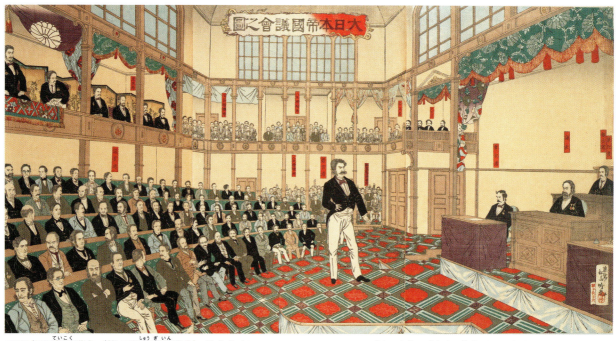

1890年の帝国議会（第1回衆議院議会）のようす。　　「大日本帝国議会之図」（松斎吟光）衆議院憲政記念館所蔵

日本の二院制の歴史

「二院制」とは、ふたつの議院で構成されている議会制度のことです。二院制では、一方の議院で可決された議案をもう一方の議院にまわして審議をおこないます。このように同じ議案をふたつの議院で慎重に審議することにより、立法機関としての役割を慎重に果たします。日本では、明治時代の帝国議会から二院制がとられてきました。帝国議会は、25歳以上の男性から選ぶ衆議院と、貴族から選ぶ貴族院からなり、両議院は対等に権限をもっていました。ところが、第二次世界大戦後、新しい憲法をつくろうとした際に考えられた当初のGHQ案は、一院制のものでした。しかし、検討がかさねられた結果、日本国憲法では二院制がとられました。

日本の二院制をめぐる状況

衆議院と参議院は、それぞれの果たす役割を自覚して、独自性をもった議論を進めることが求められています。そのため、任期、選挙方法、権限などが異なっています。

ただし、両議院の選挙方法や候補者の条件は、非常に似通っています（→P23）。そのせいで同じような議員構成になってしまっているという指摘もあります。とくに選挙制度は以下のように共通点があります。

	衆議院	参議院
選挙権	満18歳以上	満18歳以上
被選挙権	満25歳以上	満30歳以上
選挙制度	小選挙区制（全国を300区）比例代表制（全国を11ブロック）政党名で投票	選挙区制（各都道府県単位47区）比例代表制（全国を1ブロック）政党名もしくは立候補者名で投票
※重複立候補	可	不可

日本の二院制の長所と短所

現在の日本の二院制には、おおよそ次のような長所と短所があるといわれています。

長所

- 国民の意見を広く政治に反映させることができる。
- ひとつの議院が決めたことを、もう一方の議院がさらに検討することで、慎重な審議をおこなうことができる。
- ひとつの議院のいきすぎをおさえたり、足りないところをおぎなったりできる。
- 衆議院が解散しているあいだに何かが起きても参議院で対応できる。

短所

- 両議院とも同じような選挙で選ばれるので、議員や政党などが同じような構成になってしまう。
- 両議院とも政党の議席数の比率が同じくらいの場合、審議が必要以上に長くなりやすい。
- 一院制よりも議員数が多いので、その分お金がかかる。

世界の国ぐにの議会制度

二院制は、世界中の多くの国で採用されている議会制度です。二院は、「上院」と「下院」というよび方が普通です（上院は国王に近く、下院は国民に近いという意味がある）。多くの場合、下院が上院より優越しています。

各国の二院制は下のように3種類に分類できます。なお、世界には、スウェーデンや中国など、議会がひとつ（一院制）しかない国もあります。

- 上院議員は各州から数名ずつ選び、下院議員は各州の人口に応じて割りふった人数を選ぶ。アメリカやドイツのように連邦制をとっている国に多い。
- 貴族や宗教家などの特別な階級で構成される上院と、国民の代表で構成される下院からなる。イギリスのように階級意識の強い国で採用されている。
- 同じような選挙方法で選ばれた国民の代表が両議院とも構成する。日本やイタリアなど。

イギリス議会開会式のようす。エリザベス女王が冒頭に演説する慣例になっている。
写真：代表撮影／ロイター／アフロ

イギリスの庶民院（下院）。
写真：Newscom／アフロ

4 国会議員は「全国民の代表」

日本には約700人の国会議員がいます。国会議員は重要な職についていることから、いかなる干渉も受けないようにさまざまな特権をもっています。

国会議員の任期と人数

国民は、選挙で国民の代表者、すなわち国会議員を選び、その国会議員たちが「国会」に集まって話しあいをおこない、法律をつくっています。

国会議員は、国民による選挙（→P22）で選ばれます 第43条1項。国会議員は衆議院に属する「衆議院議員」と参議院に属する「参議院議員」とにわかれています。衆議院議員の任期は4年 第45条 で、参議院議員の任期は6年 第46条 です。ひとりの人が同時に両議院の議員になることはできません 第48条。2016年12月現在、国会議員の人数は、衆議院が475人、参議院は242人で、合計717人です。

国会議員は、それぞれの選挙区の代表だと考えられることがありますが、けっしてそうではありません。どの地方の出身であろうとも、選挙区がどこであっても、選挙で選ばれ国会議員になった人は、全国民の代表なのです 第43条1項。

直接民主制と間接民主制

日本国憲法前文には「日本国民は正当に選挙された国会における代表者を通じて行動」するとあります。このように、選挙などのように、ある一定の方法によって選ばれた代表者を通じて、国民の意見を政治に反映する制度を、「間接民主制」といいます。国民全員が意見を出して話しあおうとするとたいへんですが、代表者が国民の意見をまとめることで、話しあいにかかる時間を短くすることができます。しかしながら、完全に全国民の意見を反映するのは難しいという側面もあります。

一方、地方自治（知事選挙）では「直接民主制」をとっています。ほかにも、憲法改正の国民投票 第96条1項 （→P32）、最高裁判所裁判官の国民審査 第79条2項 （→P36）では、国民が投票した結果が、そのまま反映されるしくみになっており、直接民主制をとっているといえます。

もっとくわしく 世界の国ぐにの国会議員数（多い国ランキング）

日本は、世界で6番目に国会議員が多い。しかし、人口に対する国会議員数としては、決して多いわけではない。

出典：PARLINE detabase on national parliaments

順位	国	議員数	人口100万人あたりの議員数
1位	中国	2959人	2.18人
2位	イギリス	1432人	22.29人
3位	イタリア	951人	15.66人
4位	フランス	925人	13.95人
5位	インド	786人	0.65人
6位	日本	717人	5.65人
7位	ドイツ	700人	8.16人
8位	エチオピア	700人	7.22人
9位	北朝鮮	687人	27.31人
10位	ミャンマー	657人	12.92人

参議院の押しボタン式投票機（右）と投票表示板（下）。
写真提供：参議院事務局

国会議員の仕事と特権

国会議員の主な仕事には、次のようなものがあります。

- 法律案（法案）を国会に提出する。
- 会議で発言したり、文書で質問したりして、内閣の政治の進めかたを監督する。
- 法律案の制定、予算の議決、条約の承認、内閣総理大臣の指名など、国会の議決に参加する。
- 国民の意見を聞いて政治に反映させる。
- 外国の政治経済の情勢を調べて政治に反映させる。

国会議員は、自分が正しいと信じたことにしたがって自由に意見をいうことができなければ、国民の代表としての任務を果たすことはできません。そこで、国会議員には、法律で定めた場合をのぞき、不逮捕特権や免責特権などの特権が憲法でみとめられています。

「不逮捕特権」第50条とは、国会議員は国会の会期中（→P26）には原則として逮捕されないというものです。また、「免責特権」第51条は、国会議員は国会内でおこなった発言・表決については、原則として国会の外で責任を問われることはないというものです。

これらは、国会議員がだれからも、たとえ警察からであっても、じゃまされずに、仕事をまっとうできるようにもうけられた制度です。

昔は政府に都合の悪いことをいう議員を政府が逮捕することもあったんだって。

逮捕されるかもしれなかったら自由な発言なんてできないよ！

国会議員の給与と支出

国会議員は「国庫から相当額の歳費を受ける」ということが日本国憲法で定められている第49条。これは、国の財産から国会議員の給与を支払うという意味だ。

一方、国会議員は、当選後10日以内にもっている資産を公開することが義務づけられている。国会議員の支出で一番大きいのが秘書の人件費だ。国会議員ひとりがやとう秘書の数は衆議院議員が10〜15人、参議院議員が7〜10人くらいとなっている。政策秘書と公設秘書の一部については、国から給与が支給されるが、それ以外の人件費は自分で出さなければならない。また、議員として活動をするにはさまざまな経費が必要で、歳費だけではその費用をまかなえない。そのため、会派に所属して政治活動を支援してもらったり、パーティーを開いたりして政治資金を集めている。ただし、議員会館は無料で事務室として利用でき、議員宿舎は安い家賃で住めるなどの特権もある。

東京都港区にある議員宿舎。

5 選挙のルールとしくみ

選挙に参加する権利を「選挙権」といいます。日本国憲法では、性別や財産などに関係なく、国民に平等に選挙権があたえられています。

民主主義と選挙

「選挙」とは、国民の代表となる国会議員や都道府県知事などを投票によって選ぶ方法です。選挙は、国民主権（→P8）があることにもとづいたしくみで、公正におこなわれることが、民主主義（→P8）の根幹だといわれています。

世界のほとんどの国と同じように日本も、選挙によって国民の代表者を選び、その代表者（議員）が、政治をおこなっています。

選挙権のある国民は、原則としてひとり1票をもち、政治に対する自分の意思を投票によってあらわすことができます。また、投票することで、代表者の判断にしたがうという意思をあらわしたことになるともされています。しかし近年、投票率が下がってきていて、民主主義の根幹がくずれているという意見も出ています。

選挙の原則

現在、選挙はできる限り公平にするために、次の原則にもとづいておこなわれています。

- **普通選挙の原則**：
  性別、財産、納税額などによって制限されず、すべての成年者に選挙権があたえられる 第15条3項。
- **平等選挙の原則**：
  成人ひとりひとりに平等に選挙権があたえられる 第44条。
- **秘密選挙の原則**：
  だれがどの候補者に投票したか秘密にできるよう、投票者の名前を書く必要がない「無記名投票」とする 第15条4項。
- **自由選挙の原則**：
  だれからも干渉されず、自分の判断で自由に投票できる 第15条4項。
- **直接選挙の原則**：
  国民の投票が直接、代表者を選ぶ。

もっとくわしく 選挙と政党政治

「政党」とは、同じ政策や目標をかかげて政治を実現していこうとする人の集まりのことをいう。現在、国会議員のほとんどが政党に所属している。日本では、長い間、政党が中心となる政治が進められてきた。国会の審議は原則として多数決でおこなわれるので、もっとも国会議員の多い政党が強い発言権をもつことができるからだ。

さらに、衆議院議員選挙の比例代表並立制では政党名で、参議院議員選挙の比例代表制では、立候補者名だけでなく政党名でも投票できるので、政党に所属しているほうが有利なしくみになっている。

パート2　日本国憲法と立法府のしくみ

選挙権と被選挙権

選挙に参加する権利を「選挙権」、選挙権をもつ人を「有権者」といいます。国政選挙（国会議員を選ぶ選挙）では、投票日に満18歳以上の日本国籍をもつ人であれば、選挙権があたえられます。地方選挙では、満18歳以上で日本国籍をもっていることに加えて、3か月以上前からその市区町村に住所をもつことが条件です。一方、選挙に立候補する権利（被選挙権）があたえられる年齢や必要とされる条件は、次のように選挙によって異なります。

選挙権は18歳からなんだって！

政治や国のこと、もっと知らなくちゃね。

衆議院議員選挙

衆議院議員を選ぶ選挙のこと。「総選挙」ともいう。4年間の任期満了にともなっておこなわれる選挙と、衆議院の解散にともなっておこなわれる選挙がある。実際には衆議院の解散によることが多い 第45条 。

選挙制度：小選挙区比例代表並立制
　　　　　小選挙区295人、比例代表180人
　　　　　合計475人

衆議院議員選挙をおこなう場合

原則として衆議院が任期満了となる日の前30日以内、あるいは、衆議院の解散（→P35）から40日以内 第54条1項 。解散の場合は任期の途中でも議員をやめなければならない。

選 挙 権：日本国民で満18歳以上であること
被選挙権：日本国民で満25歳以上であること

参議院議員選挙

参議院議員を選ぶ選挙。「通常選挙」ともいう。6年の任期の半分となる3年ごとに、定数（242人）の半数（121人）ずつ選挙がおこなわれる（半数改選という） 第46条 。

選挙制度：選挙区制と比例代表制
　　　　　選挙区146人、比例代表96人
　　　　　合計242人

参議院議員選挙をおこなう場合

原則として任期満了となる日の前30日以内。参議院の開会中や、参議院の閉会日から23日以内の場合には、閉会日から24日以後、30日以内。

選 挙 権：日本国民で満18歳以上であること
被選挙権：日本国民で満30歳以上であること

もっとくわしく

選挙権は何歳から？

2015年6月、選挙権年齢が20歳から18歳に引き下げられ、国政選挙では2016年7月の参議院議員選挙から適用された。選挙権年齢引き下げによって、18・19歳でも選挙運動などが可能になる一方で、民法や少年法では未成年者とされる18歳以上20歳未満であっても、選挙違反があった場合には成人と同様に法律にしたがって処罰を受けることになる。このことから、民法や少年法の成人年齢についても引き下げるべきではないかとの意見が出ている。

選挙権の歴史

日本ではじめて国政選挙がおこなわれたのは、明治23年の1890年のことでした。そのころの選挙権は男性だけにあたえられ、さらに納税額で制限されていました。

『国会議員之本』（ジョルジュ・ビゴー筆、明治23年刊）より、第1回衆議院議員選挙での投票のようす。男性しか描かれていない。

提供：アフロ

戦前の選挙

1890年におこなわれた選挙は、国に15円（現在の30万円程度）以上の税金をおさめている25歳以上の男性だけが投票を許されるというものでした（性別、財産などで制限がもうけられる選挙を「制限選挙」という）。このため当時の有権者の数は日本全体の人口のわずか1.1％にすぎませんでした。

その後、選挙権があたえられる納税額の下限は、だんだん引き下げられ、1900年に10円以上に、そして1919年に3円以上となりました。さらに1925年には、納税額による制限は廃止されました。

しかし、男性だけに制限される状況はその後も続きました。女性に選挙権があたえられたのは、戦後になってからのこと（1946年）。日本の選挙は、第二次世界大戦が終わるまで、制限選挙が続いていたことになります。

戦後初の完全普通選挙

戦後初の選挙は、1946年の衆議院議員総選挙でした。このときはじめて、女性にも選挙権がみとめられました（「完全普通選挙」とよぶ）。

このときの選挙では、ひとつの選挙区の議員定数が最多で14人になったところもありました。

有権者は、次のように、ひとり2票以上をもっていて、その票数の名前を書くことができました。

- 議員定数4〜10人の選挙区：ひとり2票
- 議員定数11人以上の選挙区：ひとり3票

そのため、男性と女性に1票ずつ投票する人や、いろいろな政党の候補者に1票ずつ投票する人が目立ったといわれています。

なお、現在の日本では、すべての18歳以上の国民が平等に選挙権をもつことができます。ただし、犯罪をおかして刑罰を受けている人などは、一定期間、選挙権をうしなうことがあります。

買収や汚職だらけの選挙運動

戦後まもないころは、選挙運動を規制する法律があまりきびしくありませんでした。そのため、買収や汚職がひんぱんにおこなわれ、とくに、1951年の第2回統一地方選挙では、選挙違反による検挙者が6万人をこえました。

これをきっかけにして、公正な選挙を根づかせるための運動が、国民のあいだから起こり、どんどん広がっていきました。そうしたなか、1952年、政府が「公明な選挙運動」を推進することを発表。公正な選挙に向けた取り組みが本格的にはじまりました。1965年、この運動の名称は、「明るく正しい選挙推進運動」となり、さらに1974年に現在の「明るい選挙推進運動」に発展しました。

写真：共同通信社／ユニフォトプレス

女性にも選挙権がみとめられた、1946年の初の衆議院議員選挙では39名の女性国会議員が誕生した。

6 国会が開かれるとき

国会には、毎年かならず開かれる「通常国会（常会）」のほかに、「臨時国会（臨時会）」「特別国会（特別会）」があります。原則として、衆議院・参議院は同時に開かれます。

国会の種類

「通常国会（常会）」は、原則として年に1回開かれます 第52条 。翌年度の予算を決め、また、予算を実行するのに必要な法案や、重要な法案についての審議がおこなわれるもっとも重要なものです。会期は150日で、たいてい1月中に召集され、6月下旬に閉会されます。

この会期内にすべての審議を終えることが原則ですが、重要な法案や予算の審議を終えられなかったときなど、どうしても必要な場合に限り、会期が延長されることもあります。

「臨時国会（臨時会）」 第53条 は、おおむね9月から12月ごろ、右のような場合に開かれます。

- どうしても成立させなければならない法案があるとき
- 災害や景気対策などの補正予算を組まなければならないとき
- 衆議院か参議院のいずれかで、総議員の4分の1以上の議員が開催を要求したとき

「特別国会（特別会）」は、衆議院が解散（→P35）して、衆議院総選挙がおこなわれたあと、30日以内に開かれます 第54条1項 。特別国会が召集されると同時に、それまでの内閣（→P34）は総辞職（→P35）となり 第70条 、両議院で次の内閣総理大臣の指名選挙がおこなわれます 第67条 （→P34）。

なお特別国会では、召集日に衆議院議長・副議長・常任委員長の選挙などがおこなわれます。

国会の開会式は参議院本会議場でおこなわれる（写真は天皇から開会にあたってお言葉を賜っているところ）。　写真提供：参議院事務局

パート2　日本国憲法と立法府のしくみ

衆議院の本会議場での起立採決と記名投票（右）のようす。写真提供：衆議院憲政記念館

参議院の緊急集会

　衆議院が解散されると、同時に参議院も閉会することになっています。

　ただし、衆議院が解散されたあと、総選挙を経て特別国会が召集されるまでのあいだに、国に緊急の問題が生じることがあります。このような場合、内閣は参議院の緊急集会を求めることができます 第54条2項 。これまでに2回、緊急集会が開かれたことがあります。

　緊急集会でとられた措置は、あくまで応急対応なので、次の国会で衆議院の同意を得なければなりません。もし得られなければ、その効力は失われることになっています 第54条3項 。

衆議院の解散中は災害や大事件があっても衆議院が開けないのね。

そんなときのために参議院を開けるように決めてあるんだね。

7 ▶ 法律ができるまで

国会では、法案の審議にもっとも時間がかかるといいます。1年間に成立する法律の数は、多い年で100件くらいで、少ない年でもおよそ80件あります。

法律はだれがつくる？

法律をつくるには、まず国会に法案を提出することが必要です。「法案」とは、法律の原案のことで、委員会などの話しあい（審議）を経て、衆議院と参議院でそれぞれ過半数以上の賛成を得て可決されます。審議の結果、手直しされたり（法案修正）、みとめられなかったり（否決）することもあります。

法案には、内閣が提出する「内閣提出法案（政府案）」と、国会議員が提出する「議員提出法案」の2種類があります。

もとより、国会が立法権をもつ立法府（→P14）

としての機能を果たすためには、内閣提出法案ではなく、議員提出法案が主流になるべきだと考えられています。ところが、現在、国会に提出される法案のうち、法律として成立する件数は年間100～150件くらいで、そのうちの多くが内閣提出法案となっています。

法案が国会でとりあげられるには、提出者のほか、衆議院で20人以上、参議院で10人以上の議員が賛成していなければなりません（予算関係など重要な法案では、衆議院50人以上、参議院20人以上）。このため、議員数の少ない政党では、賛成議員数がたりないために法案を提出できないことさえあります。

●法案の提出件数と成立件数

区分／国会会期	内閣提出法案		議員提出法案		計	
	提出件数	成立件数	提出件数	成立件数	提出件数	成立件数
第191回（臨時国会）　（2016.8.1～8.3）	0 (11)	0 (0)	0 (54)	0 (0)	0 (65)	0 (0)
第190回（通常国会）　（2016.1.4～6.1）	56 (9)	50 (4)	72 (28)	18 (2)	128 (37)	68 (6)
第189回（通常国会）　（2015.1.26～9.27）	75 (0)	66 (0)	72 (4)	12 (0)	147 (4)	78 (0)
第188回（特別国会）（2014.12.24～12.26）	0 (0)	0 (0)	4 (0)	0 (0)	4 (0)	0 (0)
第187回（臨時国会）（2014.9.29～11.21）	31 (2)	21 (2)	28 (43)	8 (3)	59 (45)	29 (5)
第186回（通常国会）（2014.1.24～6.22）	81 (4)	79 (3)	75 (42)	21 (0)	156 (46)	100 (3)
第185回（臨時国会）（2013.10.15～12.8）	23 (8)	20 (7)	45 (28)	10 (2)	68 (36)	30 (9)
第184回（臨時国会）　（2013.8.2～8.7）	0 (8)	0 (0)	0 (28)	0 (0)	0 (36)	0 (0)
第183回（通常国会）　（2013.1.28～6.26）	75 (0)	63 (0)	81 (0)	10 (0)	156 (0)	73 (0)
第182回（特別国会）（2012.12.26～12.28）	0 (0)	0 (0)	2 (0)	0 (0)	2 (0)	0 (0)
第181回（臨時国会）（2012.10.29～11.16）	10 (33)	5 (2)	6 (52)	1 (2)	16 (85)	6 (4)
第180回（通常国会）　（2012.1.24～9.8）	83 (23)	55 (6)	77 (35)	31 (0)	160 (58)	86 (6)
第179回（臨時国会）（2011.10.20～12.9）	16 (22)	10 (3)	9 (35)	0 (1)	25 (57)	10 (4)

※右側括弧書きは、前回の通常国会から継続審査になっていた法案の件数

パート2　日本国憲法と立法府のしくみ

法案ができるまで

議員提出法案の場合、提出した議員の所属する衆議院または参議院の法制局が、議員の案にもとづいて内容の審査・修正をおこないます。審査・修正が終わると、議員から所属議院へ法案が提出されます。

一方、内閣提出法案の場合は、次のような流れで国会に提出されます。

❶ 各省庁で、法案の第一次案をつくる。

❷ 第一次案をもとに内閣法制局で関係する省庁と意見を交換する（審議会や公聴会をおこなうこともある）。

❸ ❷の内容をふまえて内閣法制局で法案の原案をつくる。

❹ 法案の原案について、憲法やほかの法律とくいちがうことがないか、文章や内容におかしなところはないかなど、内閣法制局で審議する。

❺ 審査を終えた原案を、閣議にかけるための手続きがおこなわれる。

❻ 閣議決定がおこなわれたのち、内閣総理大臣から国会に法案を提出する。

法案が「法律」になるまで

法案の審議は、原則として衆・参両議院でおこなわれますが、衆議院と参議院のどちらが先に審議してもよいことになっています。

どちらかに提出された法案は、まずその議院で専門となる委員会でとりあげられます。ただし、重要な法案については委員会でとりあげられる前に本会議が開かれ、そこで担当の大臣が法案の趣旨を説明し、議員全員にその法律がなぜ必要なのかを知らせることになっています。

法案は、委員会で審査され、委員会での採決がおこなわれます。その後、その委員会が属する議院の本会議の議事日程に組みこまれ、審議されることが決まります。

先に審議した議院で法案が可決されると（通過すると）、もう一方の議院でも同じように審議がおこなわれます。両議院で可決されると、法案が成立、「法律」となることが決まります。

法律は、成立しただけでは効力はありません。一般に向けて公布された上で、実際に運用がはじまります（「施行」という）。

●国会審議の流れ（衆議院が先の場合）

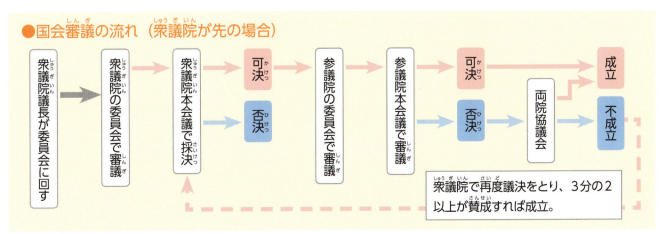

8 国際条約と憲法の関係

法律は、国によって大きくちがいます。国と国のあいだで問題が生じた場合、話しあいによって解決していかなければなりません。

2016年9月、気候変動をめぐる国際条約「パリ協定」の発効を目指しておこなわれる国連での会合。　　写真：AP／アフロ

国際条約の役割

「国際条約」とは、文書に書き記した国家間の合意のことです。「条約」とだけよぶこともあります。また、「協定」「決議」「宣言」「憲章」「議定書」なども国際条約とおなじです。

現代の国際社会では、何かの問題が生じた場合、関係する国が集まって取り決めがおこなわれることがあります。決議に参加した国は、それにしたがわなければなりません。

国際条約には、法律を上回る力がある

国際条約を結ぶには、国内の法律と矛盾が生じないように、あらたな法律をつくったり改正したりするなど、事前の準備が必要です。

万が一、国際条約と国内法律が矛盾するような事態が起きた場合、国際条約が、国の法律を上回る力をもつと考えられています。

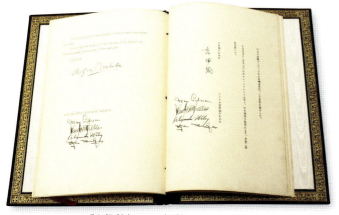

日米安全保障条約の原本署名ページ。　　外務省所蔵

法律も国際条約もどちらもたいせつなものだよね。

家のルールと学校のルールのようなものかな!?

パート2　日本国憲法と立法府のしくみ

国際条約の承認は国会がする

　国際条約をつくるときには、各国の代表者である全権委員がいろいろな案を出しあい、1つの条約にまとめます（採択）。ところが、条約が採択されただけでは、その条約は、それぞれの国の国民に対し、効力をもちません。

　条約に参加する国は、条約で決められたことについて、国内で法律をつくるなどして、ルールを定めなければなりません。こうして準備をして条約を結ぶことを、「条約を批准する」といいます。

　条約を批准してはじめて、その国と国民が、その国際条約で決められたルールを守っていくことが求められるようになります。こうなることを「発効する」といいます。

　日本の場合、条約の批准は、内閣がおこないますが、事前に国会の承認が必要だとされています 第73条三号 。事前の承認を経て内閣が批准した条約は、憲法第7条八号にもとづいて、天皇が国事行為（→P12）として「批准書を認証する」ことになっています。

障害者権利条約の批准書を国連の条約担当官にわたす、日本の国連大使。

写真：共同通信社／ユニフォトプレス

国会が憲法改正を発議する

日本国憲法の制定から2017年で70年。社会の変化にともなって憲法を改正するべきだという意見が高まる一方で、守りつづけるべきだという意見も根強くあります。

2015年5月、さまざまな政党に所属する国会議員らが開催した改憲推進大会のようす。　写真：AP／アフロ

憲法を改正するには

憲法改正の手続きは、日本国憲法第96条で「国会が発議し、国民の承認を得なければならない」と定められています。「発議」とは、ある意見や議案を言い出すことです。

具体的な手続きの流れは、次のようになっています。

●憲法改正手続きの流れ

1. 国民投票に関する法律をつくり、投票者の年齢や投票手順などを定める（国民投票法）。
2. 国会で憲法改正案を審議する。
3. 衆議院と参議院でそれぞれ議決され、総議員の3分の2以上が賛成した場合、国会が憲法改正案を発議する。
4. 発議された憲法改正案に対する国民投票をおこない、投票総数の過半数の賛成が得られた場合、憲法改正となる。
5. 天皇が、「国民」の名のもとに新しい憲法を発布する。

国民投票とは？

　憲法改正はとても重要なことがらなので、国会の議決だけでなく、国民一人一人が直接判断することになっています。

　手続きのうち、①の国民投票法ができたのは2007年のことで、2010年から効力をもっています（施行）。国民投票法では、投票権を18歳以上にあたえること、国民投票は憲法改正が発議された日から60 〜 180日以内におこなうことなどが定められました。

　ただし、この国民投票法には最低投票率の制限がなく、投票率が低くても投票総数の過半数が賛成であれば可決できるようになっていることの問題が指摘されています。極端にいえば、1人しか投票しなかったら、その1票で決まってしまうのです。

日本国憲法が施行された5月3日は「憲法記念日」として祝日に制定され、各地で憲法に関連するイベントがもよおされる。

写真：Natsuki Sakai ／アフロ

日本は憲法改正しにくい？

　日本の憲法改正の手続きは、ほかの国とくらべて非常にきびしいといわれています。このような憲法を「硬性憲法」といいます。

　これまで憲法改正をめぐる議論がなんどもおこなわれてきましたが、実際に改正されたことはありません。

　制定から1度も改正されていないので、時代にあわなくなっているとの意見もありますが、それでも、日本国憲法は世界にほこるすばらしいものなので、かんたんに改正してはいけないという意見も多くあります。

●世界の主な国ぐにの憲法の改正歴

国	改正の歴史
中国	1982年の現行憲法制定以来、4度の改正。改正条項は従来の憲法に追加される。
インド	1949年の制定以来、90回以上改正。
フランス	1958年の現行憲法制定以来、24回改正。
ドイツ	1949年の制定以来、第二次世界大戦の敗戦国だが、59回改正。
イギリス	20世紀末に憲法改革が議論にのぼり、2010年に憲法改革および統治法を制定。
イタリア	1947年の現行憲法制定以来、第二次世界大戦の敗戦国だが、15回改正。
デンマーク	1849年の制定以来、3回改正。
スイス	1848年の制定以来、2度の全面改正。
アメリカ	1787年の制定以来、18回の修正で27条の修正条項を追加。
メキシコ	1917年の現行憲法制定以来、175回、457条（2007年11月現在）改正。世界最多の憲法改正国。
オーストラリア	1901年の施行以来、8度改正。

パート3　立法府がもつチェック機能

内閣に対する権限

立法府の国会には、行政府（内閣）の長である内閣総理大臣を選ぶ権限と、内閣をやめさせる権限があります。これらは、三権分立の監視機能のひとつです。

内閣総理大臣（首相）を選ぶ

内閣総理大臣は、国会議員のなかから選ばれます。日本国憲法では、国会議員であれば衆議院議員でも参議院議員でも首相になれることになっています 第67条1項。ただし、これまで参議院議員から首相が選ばれたことは、一度もありません。

首相は、国民が直接選ぶのではなく、国民が選挙でえらんだ国会議員が、国会内でおこなう選挙により選ぶことになっています。この選挙を「首相指名選挙」といいます。

首相指名選挙は、衆議院と参議院のそれぞれで議決をおこない、過半数を得た人が指名を受けます。過半数を獲得した人がいない場合には、上位2人の決選投票がおこなわれ、より多くの票を獲得した方が指名を受けることになります。

衆議院と参議院が別べつの人を指名した場合は、両院協議会を開き、どちらにするかを話しあいます 第67条2項。これまで4回、指名が異なったことがあります。

●首相指名選挙のながれ

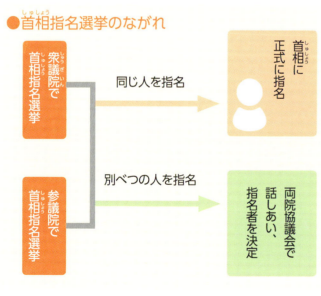

写真：共同通信社／ユニフォトプレス

首相指名選挙のようす。

どんな人が選ばれるのかな？

内閣総理大臣には一番たくさん議席をもつ政党の党首から選ばれることが多いんだって。

衆議院が解散されてバンザイする議員たち。これは、大日本帝国時代、天皇の永遠の健康、長寿を祈るために「万歳」ととなえたことに由来する慣例だといわれている。
写真：共同通信社／ユニフォトプレス

内閣をやめさせる！

国民の状況を背景にして、衆議院議員が内閣の政策などに対し、強い不満があるときや、内閣が国民の意思を無視して暴走しそうになったときなどに、内閣不信任の決議案を出すことができます。

「内閣不信任の決議案」とは、衆議院が内閣を「信任しない」という議決を提案すること。衆議院議員の過半数が賛成すると、内閣不信任の決議が成立します。内閣不信任の決議が成立すると、内閣は、総辞職するか、または、10日以内に衆議院を解散しなければなりません。

内閣不信任の決議による衆議院の解散は、日本国憲法第69条に書かれています。そのことにちなんで、内閣不信任決議で解散されることを「69条解散」ともいいます。

内閣不信任決議を出す権限をもっているのは、衆議院だけです。参議院は内閣に対して大臣の責任などを問う、「問責決議」を出すことができますが、これには強制力がありません。

また、内閣不信任決議案と反対に、「内閣信任の決議案」というものがあります。これが可決されれば解散せず、否決されれば、「信任しない」ということになって解散か総辞職ということになるため、その効力は、内閣不信任決議案と同じだといえます。

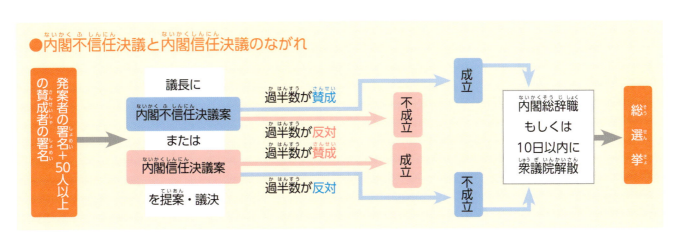

●内閣不信任決議と内閣信任決議のながれ

2 裁判官もやめさせられる「弾劾裁判」

裁判官はあらゆる権力から独立して裁判をおこないます。特別な場合をのぞいてやめさせることはできません。ただし、裁判官をさばく裁判所が国会にあります。

裁判所と裁判官

日本では憲法により、裁判所で犯罪や争いをさばくことが決められています 第76条1項。

裁判所には、「最高裁判所」と4つの「下級裁判所」（高等裁判所、地方裁判所、家庭裁判所、簡易裁判所）の5種類があります。

最高裁判所は、立法府（国会）がつくった法律や、行政府（内閣）がおこなった処分などが、憲法に違反していないかなどをチェックする権限をもち、全裁判所で最高の地位にあります 第81条。

最高裁判所には、長官1人、そのほかの裁判官14人の合計15人の裁判官がいます。

最高裁判所の長官は、内閣が指名して天皇が任命することになっています 第6条2項。そのほかの裁判官については、内閣が任命権をもっています 第79条1項。

裁判官がさばかれる場合

裁判官が裁判をするにあたって、行政府や立法府から影響を受けることがあってはなりません。万が一、大臣や国会議員がいう通りの裁判をおこなわなければやめさせるなどと裁判官をおどしたら、公正な裁判ではなくなってしまいます。そのため、裁判官は一度任命されると、立法府からも行政府からも影響を受けずに仕事をおこなえるよう、日本国憲法で保障されています 第76条3項。

しかし、裁判官が本当にふさわしい人物かどうか判断する場も必要です。そこで、裁判官を裁判にかけることのできる「弾劾裁判制度」 第64条、第78条 と、最高裁判所の裁判官について国民がふさわしいかを審査する「国民審査」という制度 第79条 がもうけられています。

●裁判所の種類と数

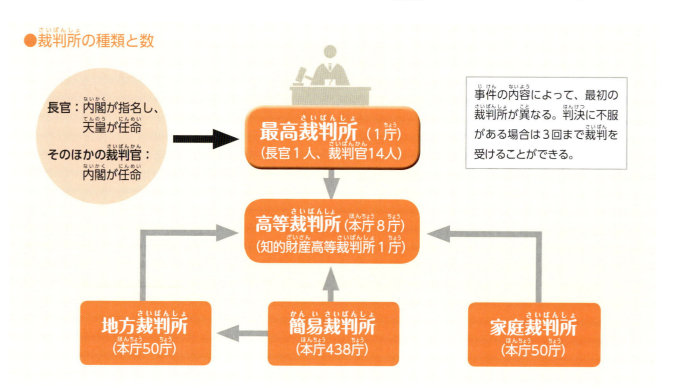

事件の内容によって、最初の裁判所が異なる。判決に不服がある場合は3回まで裁判を受けることができる。

36

パート3　立法府がもつチェック機能

裁判官弾劾裁判の流れ

　国会には、裁判官をさばく「裁判官弾劾裁判所（弾劾裁判所）」がもうけられています。弾劾裁判所は、衆議院と参議院からそれぞれ7人の国会議員が選ばれ、合計14人の裁判員で組織されます。弾劾裁判所で裁判官をさばく手続きは、おおよそ次のようにおこなわれます。

① 裁判官訴追委員会に訴追請求を出す。
② 委員会は、訴追請求を調査したあと審議をおこない、訴追するかどうか議決をとる。
③ 出席委員の3分の2以上が訴追に賛成すると、「罷免（やめさせること）の訴追」をおこなうことが決定される。
④ 訴追が決まると、弾劾裁判所が開かれ、審理がはじまる。
⑤ 審理の結果、裁判員の3分の2以上が賛成すれば、罷免の裁判（決定）が下される。
⑥ 罷免が宣告されれば、その裁判官は資格を失う。（資格回復の裁判でみとめられれば、ふたたび裁判官をつとめることができる。）

過去の裁判官弾劾裁判

　これまでの弾劾裁判の例として、下の表のようなものがありました。どの場合も、裁判官としてふさわしくない行為をして、国民の信頼をそこねたことが理由でした。

訴追年	裁判官の所属していた裁判所	事件の内容
1948	静岡地方裁判所 浜松支部	無断欠勤・商用ヤミ取引など（不罷免）
1948	大月簡易裁判所	捜査情報の提供など（不罷免）
1955	帯広簡易裁判所	職務怠慢など
1957	厚木簡易裁判所	事件関係者からの不正な接待（資格回復）
1977	京都地方裁判所・京都簡易裁判所	不正な捜査・捜査情報の不正提供（資格回復）
1981	東京地方裁判所・東京簡易裁判所	事件関係者からの不正な接待（資格回復）
2001	東京地方裁判所・東京簡易裁判所	児童買春
2008	宇都宮地方裁判所	女性に対するストーカー行為（資格回復）
2012	大阪地方裁判所	電車内での盗撮

写真提供：裁判官弾劾裁判所

裁判官弾劾裁判所の法廷。裁判をおこなうとき以外でも1年に1度、裁判長を決めるときに利用される。

裁判官をさばくのは慎重におこなわれるのね。

それでもふさわしくないことをした場合にはやめさせられることもあるんだね。

国会の調査権

国会は、審議に関係する証人をよびだしたり記録を提出させたりと、国会独自で調査をおこなう権利をもっています。

2007年、元防衛事務次官の収賄疑惑をめぐり、衆議院テロ防止特別委員会でおこなわれた証人喚問のようす。

写真：共同通信社／ユニフォトプレス

国政調査権

両議院は、国の政治に関わるすべてのことについて、独自で調査をおこなうことができる権限を憲法でみとめられています 第62条 。これを「国政調査権」といいます。この国政調査権により、国会は、行政機関や民間企業に対して、報告や記録の提出を求めることができます。

資料の提出を拒否されることもありますが、その場合には、正当な理由を求められます。

ただし、国政調査権は強力な国家権力を行使するものです。そのため、国政調査権をつかうことができるのは、どちらかの議院または委員会が議決により行使をみとめた場合に限られます。

うその証言がゆるされない証人喚問

国会は、政治家や企業の不祥事があった場合などに、国政調査権をつかって国会で証人喚問をおこなうことができます。「証人喚問」とは、議院証言法にもとづき、証人に問いただすことです。

証人喚問が決まると証人には出廷する義務があり、正当な理由がない限り、断ることはできません。

証言では、証人は「真実」を述べることを宣誓します。証人がうその証言をした場合には、偽証罪で告発されることもあります。

証人喚問は、これまで多くの国会議員に対しておこなわれてきました。もっとも国会議員には、不逮捕特権（→P21）があるので、国会会期中に逮捕されることはありません。

参考人招致はうそをつける⁉

証人喚問と似た制度に、「参考人招致」があります。参考人招致は、国会の委員会などで、専門的な案件の審査や調査をおこなうときに「参考人」を招いて意見を聞くことです。

参考人は、大学教授や弁護士など専門知識をもっている人や、審議中の法案が成立すると大きな影響を受ける人などです。

参考人招致は、証人喚問とはちがって、参考人に正当な理由があれば、本人の意思で参考人招致を拒否することができます。また、自分に都合の悪いことをいわなかったり、たとえ、うそをいったとしても処罰されることはありません。

こうしたことから、近年の参考人招致のなかには、真実の追求というより、国民へアピールするためにおこなわれることがあります。真相を究明しているという状況を、国民に知らせることで、追及する議員や政党がその活動をアピールするわけです。

しかし、アピールのための参考人招致より、もっとひんぱんに国政調査をおこなうことで、不正を監視するべきだという意見も出ています。

写真：Natsuki Sakai／アフロ

2012年4月、年金資産消失問題による参考人招致を受け、参議院の委員会で答弁する投資顧問会社社長。

パート4　見学！国会ツアー

国会議事堂は、東京都千代田区永田町にあります。
毎年、見学や修学旅行などで多くの人が訪れます。

国会議事堂見取り図

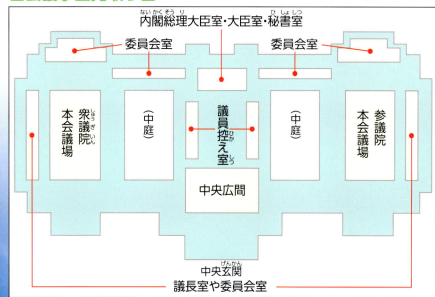

ここからは私達といっしょに見ていきましょう！

衆議院

写真提供：参議院事務局

構造	地上3階（中央部は4階、中央塔は9階）、地下1階で、鉄骨鉄筋コンクリートづくり（外部は花こう石張り）
敷地面積	約10万3000㎡
建物面積	約1万3358㎡（のべ面積は約5万3500㎡）
工事費	2573万5977円（当時のお金で）
工事にたずさわった人の数	約254万人（のべ）
長さ（南北）	約206.36m
高さ（屋上）	約20.91m
奥行き（東西）	約88.63m
高さ（中央塔）	約65.45m

国会議事堂の設計図案は一般から公募され、渡邊福三氏の作品が選ばれた。
出典：『帝国議会議事堂建築報告書（大蔵省営繕管財局編纂）』より

竣工当時の国会議事堂。
出典：『帝国議会議事堂建築報告書（大蔵省営繕管財局編纂）』より

現在の国会議事堂の建設は、1920年にはじまり、1936年に完成しました。

参議院

国会議事堂のなかを見てみましょう！

両議院（衆議院・参議院）は、外観だけでなく、なかのつくりもほとんど同じになっています。

❶ 中央玄関 2階

いつもは閉められていますが、国会の開会式で天皇陛下をおむかえするとき、選挙後におこなわれる国会で議員がはじめて登院するとき、外国の元首などをおむかえするときに開かれます。

写真提供：参議院事務局

❷ 議員登院口 1階

登院した議員が玄関入口の議員登院表示盤にある自分の氏名を押すと、表示盤が点灯するしくみになっています。

衆議院登院口

写真提供：衆議院憲政記念館

参議院登院口

写真提供：参議院事務局

❸ 中央広間 2階

中央玄関からつながる広間で、中央塔の真下にあります。窓と天井にはステンドグラスがはめこまれています。広間の三方には、議会政治の発展に貢献した3人の人物の銅像がたっています。

写真提供：参議院事務局

日本で最初の内閣総理大臣となった伊藤博文。

日本初の政党内閣の総理大臣となった大隈重信。

国会の開設を求める自由民権運動をおこした板垣退助。

写真提供：参議院事務局

❹ 議場（本会議場） 3階

本会議とは、各議院の議員全員が出席する国会の会議のなかで、もっとも重要な会議のことです。衆議院と参議院の本会議場に、それぞれの議員が集まり、国のたいせつな取り決めをおこないます。
写真（上）は衆議院の本会議場、写真（下）が参議院の本会議場です。参議院では、国会の開会にあたり、天皇陛下をおむかえして開会式がおこなわれるため、天皇陛下のお席が、議長席のうしろにもうけられています。

写真提供：衆議院憲政記念館

写真提供：参議院事務局

- **A-1** 天皇陛下の御傍聴席
- **A-2** 天皇陛下のお席（国会の開会式のとき）
- **B** 議長席
- **C** 事務総長席
- **D** 事務局員席
- **E** 内閣総理大臣席
- **F** 大臣席
- **G** 演壇
- **H** 速記者席
- **I** 議員席
- **J** 傍聴席
- **K** 皇族席

本会議場はどちらも2階にあります。

43

> 3階の委員会室から見てみましょう。

本会議場のほかにも、話しあいをするための部屋がたくさんあります。

❺ 委員会室 3階

国会議事堂のなかには、たくさんの部屋がありますが、そのひとつに、委員会をおこなう委員会室があります。左の写真は第一委員会室で、下が実際に予算委員会で使用しているようす、右の写真は第3委員会室です。

写真提供：参議院事務局

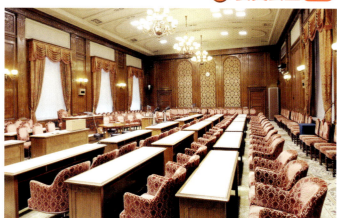

❻ 大臣室 2階

> 窓ぎわの中央に内閣総理大臣が座ります。

国会が開かれているときに、大臣が集まり、話しあいや打ちあわせをおこなう部屋です。写真提供：参議院事務局

⑦ 議長室・議長応接室 2階

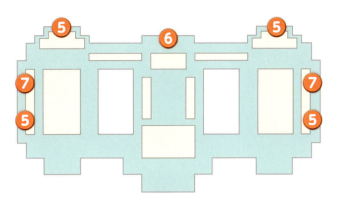

議長は、衆議院と参議院の最高責任者で、それぞれの議院を代表する存在です。国会議事堂には、衆議院議長室と参議院議長室（上の写真）があり、それぞれの議長室のとなりに、議長応接室（右の写真）があります。

写真提供：参議院事務局

もっとくわしく　国会を見学（参観）するには？

〈衆議院〉

平日、土曜、日曜、祝日のいずれも見学可能（時間帯は下記の通り）。10名以上の団体については、事前申しこみが必要で（9名以下は事前申しこみ不要）、参観申しこみ書と参観者名簿に必要事項を記入の上、FAXで申しこむ。

平日：8時〜17時（16時までに受付終了）

土曜、日曜、祝日：9時30分、10時30分、11時30分、13時、14時、15時

問い合せ先　☎03-3581-5111（衆議院事務局警務部参観係）

参議院の参観ロビー。参議院の活動や役割、議事堂の歩みなどを紹介する展示をおこなっている。

写真提供：参議院事務局

〈参議院〉

平日（月曜〜金曜）はだれでも見学できる（午前9時〜午後4時）。日曜日は、国会閉会後の第1・第3日曜日（午前10時〜午後3時）、参議院議員の紹介がある場合のみ。日曜日の見学では、通常のコースに加え、本会議場内も見学可能。

平日の見学を希望する場合は、参観受付窓口で手続きする。団体（10名以上）で見学するときは、事前に予約が必要となる。

問い合せ先　☎03-5521-7445（参議院警務部傍聴参観係）

「ここからは見学はできない非公開のエリアです。」

このほかに、国会議事堂には一般には公開されていない場所があります。その一部を紹介します。

❽ 中央塔 7〜9階

中央塔は、中央広間の上にあり、国会議事堂のなかでもっとも高いところです。最上階は9階で、展望階となっています。

写真提供：参議院事務局

「中央のらせん階段は9階に通じています。」

❾ 議員食堂 2階と1階

国会が開かれているときに、議員が食事をするところです。衆議院と参議院にひとつずつと、中央食堂の3か所があります。

写真提供：参議院事務局

「写真は参議院のものです。」

御休所は中央広間（写真右上）から中央階段（写真右下）をあがったところにあります。

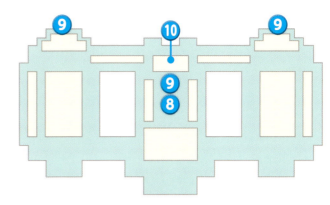

⑩ 御休所 3階

天皇陛下が国会においでになったときに、一時お休みになられたり、衆議院と参議院の議長・副議長がお目にかかったりする場所です。全国から集められた最高の材質と当時のすぐれた技術をいかしてつくられました。

写真提供：参議院事務局

「日本の議会政治を知る」憲政記念館

1970年、日本の議会開設80周年を記念して、国会議事堂の前庭に議会政治に関する展示をおこなう「憲政記念館」がつくられた。憲政記念館は国会の組織や国会の運営などについて、資料や映像でわかりやすく紹介。憲政（憲法にもとづいておこなわれる政治）の歴史や、憲政で功績のあった人びとに関する資料も豊富にそろっている。

憲政記念館は国会議事堂のとなり、国会前庭のなかにある。
写真提供：衆議院憲政記念館

外国の国会議事堂

世界には古くからある議事堂を受けついでいる国が多くあります。一方で、非常にユニークな形の議事堂もあります。

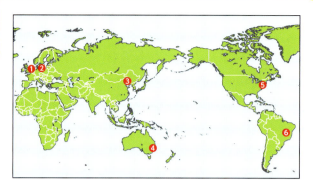

❶ イギリス (The Houses of Parliament)

所在地はロンドン。時計台は「ビッグ・ベン」の愛称で知られる。1834年の火災でほぼ全焼し、1860年までに主要部分が再建された。

❷ ドイツ (Reichstag)

所在地はベルリン。ドイツ帝国時代に使用されていた議事堂を修復、移転して1999年に完成。中央部の巨大なガラスドームは見学可能。

❸ 中国 (人民大会堂)

所在地は北京。重要会議のないときは一部の部屋を見学できる。議場の議員収容人数は1万4000人で世界最多。1959年完成。

❹ オーストラリア (Parliament House)

所在地はキャンベラ。新旧の国会議事堂が並びたつ。後方が新議事堂（1988年完成）で、手前が旧議事堂。新議事堂の大部分は丘の下にたてられている。

❺ アメリカ (United States Capitol)

所在地はワシントン。1793年、初代ワシントン大統領の時代に着工。白いドームが完成したのは1868年（現在も増・改築中）。

❻ ブラジル (Congresso Nacional)

所在地はブラジリア。半球をふせた形のものが上院議事堂で、半球を上に開いた形が下院議事堂。あいだのツインタワーは議会事務局が入っている。1960年完成。

資料編

資料編49～51ページでは、日本国憲法のうち本文中のマークで示した条文などを紹介しています（条文のなかでいくつか項目がある場合は、該当する項目のみ）。条文では第1項に「1」の番号はふられていませんが、この本ではわかりやすくするために「1項」と表記しています。なお、旧かなづかいは現代かなづかいにあらためてあります。

❶本文で登場する日本国憲法条文

日本国憲法前文

　日本国民は、正当に選挙された国会における代表者を通じて行動し、われらとわれらの子孫のために、諸国民との協和による成果と、わが国全土にわたって自由のもたらす恵沢を確保し、政府の行為によって再び戦争の惨禍が起ることのないようにすることを決意し、ここに主権が国民に存することを宣言し、この憲法を確定する。そもそも国政は、国民の厳粛な信託によるものであって、その権威は国民に由来し、その権力は国民の代表者がこれを行使し、その福利は国民がこれを享受する。これは人類普遍の原理であり、この憲法は、かかる原理に基くものである。われらは、これに反する一切の憲法、法令及び詔勅を排除する。

　日本国民は、恒久の平和を念願し、人間相互の関係を支配する崇高な理想を深く自覚するのであって、平和を愛する諸国民の公正と信義に信頼して、われらの安全と生存を保持しようと決意した。われらは、平和を維持し、専制と隷従、圧迫と偏狭を地上から永遠に除去しようと努めている国際社会において、名誉ある地位を占めたいと思う。われらは、全世界の国民が、ひとしく恐怖と欠乏から免かれ、平和のうちに生存する権利を有することを確認する。

　われらは、いづれの国家も、自国のことのみに専念して他国を無視してはならないのであって、政治道徳の法則は、普遍的なものであり、この法則に従うことは、自国の主権を維持し、他国と対等関係に立とうとする各国の責務であると信ずる。

　日本国民は、国家の名誉にかけ、全力をあげてこの崇高な理想と目的を達成することを誓う。

第1章　天皇

第1条〔天皇の地位と主権在民〕

　天皇は、日本国の象徴であり日本国民統合の象徴であって、この地位は、主権の存する日本国民の総意に基く。

第6条〔天皇の任命行為〕

2　天皇は、内閣の指名に基いて、最高裁判所の長たる裁判官を任命する。

第7条〔天皇の国事行為〕

　天皇は、内閣の助言と承認により、国民のために、左の国事に関する行為を行う。

一　憲法改正、法律、政令及び条約を公布すること。

二　国会を召集すること。

三　衆議院を解散すること。

四　国会議員の総選挙の施行を公示すること。

五　国務大臣及び法律の定めるその他の官吏の任免並びに全権委任状及び大使及び公使の信任状を認証すること。

六　大赦、特赦、減刑、刑の執行の免除及び復権を認証すること。

七　栄典を授与すること。

八　批准書及び法律の定めるその他の外交文書を認証すること。

九　外国の大使及び公使を接受すること。

十　儀式を行うこと。

第2章　戦争の放棄

第9条〔戦争の放棄と戦力及び交戦権の否認〕

1　日本国民は、正義と秩序を基調とする国際平和を誠実に希求し、国権の発動たる戦争と、武力による威嚇又は武力の行使は、国際紛争を解決する手段としては、永久にこれを放棄する。

2　前項の目的を達するため、陸海空軍その他の戦力は、これを保持しない。国の交戦権は、これを認めない。

第3章　国民の権利及び義務

第14条〔平等原則、貴族制度の否認及び栄典の限界〕

1　すべて国民は、法の下に平等であって、人種、信条、性別、社会的身分又は門地により、政治的、経済的又は社会的関係において、差別されない。

2　華族その他の貴族の制度は、これを認めない。

3 栄誉、勲章その他の栄典の授与は、いかなる特権も伴わない。栄典の授与は、現にこれを有し、又は将来これを受ける者の一代に限り、その効力を有する。

第15条〔公務員の選定罷免権、公務員の本質、普通選挙の保障及び投票秘密の保障〕

3 公務員の選挙については、成年者による普通選挙を保障する。

4 すべて選挙における投票の秘密は、これを侵してはならない。選挙人は、その選択に関し公的にも私的にも責任を問われない。

第4章　国会

第41条〔国会の地位〕

国会は、国権の最高機関であって、国の唯一の立法機関である。

第42条〔二院制〕

国会は、衆議院及び参議院の両議院でこれを構成する。

第43条〔両議院の組織〕

1 両議院は、全国民を代表する選挙された議員でこれを組織する。

2 両議院の議員の定数は、法律でこれを定める。

第44条〔議員及び選挙人の資格〕

両議院の議員及びその選挙人の資格は、法律でこれを定める。但し、人種、信条、性別、社会的身分、門地、教育、財産又は収入によって差別してはならない。

第45条〔衆議院議員の任期〕

衆議院議員の任期は、四年とする。但し、衆議院解散の場合には、その期間満了前に終了する。

第46条〔参議院議員の任期〕

参議院議員の任期は、六年とし、三年ごとに議員の半数を改選する。

第48条〔両議院議員相互兼職の禁止〕

何人も、同時に両議院の議員たることはできない。

第49条〔議員の歳費〕

両議院の議員は、法律の定めるところにより、国庫から相当額の歳費を受ける。

第50条〔議員の不逮捕特権〕

両議院の議員は、法律の定める場合を除いては、国会の会期中逮捕されず、会期前に逮捕された議員は、その議院の要求があれば、会期中これを釈放しなければならない。

第51条〔議員の発言表決の無答責〕

両議院の議員は、議院で行った演説、討論又は表決について、院外で責任を問われない。

第52条〔常会〕

国会の常会は、毎年一回これを召集する。

第53条〔臨時会〕

内閣は、国会の臨時会の召集を決定することができる。いずれかの議院の総議員の四分の一以上の要求があれば、内閣は、その召集を決定しなければならない。

第54条〔総選挙、特別会及び緊急集会〕

1 衆議院が解散されたときは、解散の日から四十日以内に、衆議院議員の総選挙を行い、その選挙の日から三十日以内に、国会を召集しなければならない。

2 衆議院が解散されたときは、参議院は、同時に閉会となる。但し、内閣は、国に緊急の必要があるときは、参議院の緊急集会を求めることができる。

3 前項但書の緊急集会において採られた措置は、臨時のものであって、次の国会開会の後十日以内に、衆議院の同意がない場合には、その効力を失う。

第59条〔法律の成立〕

1 法律案は、この憲法に特別の定のある場合を除いては、両議院で可決したとき法律となる。

2 衆議院で可決し、参議院でこれと異なった議決をした法律案は、衆議院で出席議員の三分の二以上の多数で再び可決したときは、法律となる。

3 前項の規定は、法律の定めるところにより、衆議院が、両議院の協議会を開くことを求めることを妨げない。

4 参議院が、衆議院の可決した法律案を受け取った後、国会休会中の期間を除いて六十日以内に、議決しないときは、衆議院は、参議院がその法律案を否決したものとみなすことができる。

第60条〔衆議院の予算先議権及び予算の議決〕

1 予算は、さきに衆議院に提出しなければならない。

2 予算について、参議院で衆議院と異なった議決をした場合に、法律の定めるところにより、両議院の協議会を開いても意見が一致しないとき、又は参議院が、衆議院の可決した予算を受け取った後、国会休会中の期間を除いて三十日以内に、議決しないときは、衆議院の議決を国会の議決とする。

第61条〔条約締結の承認〕

条約の締結に必要な国会の承認については、前条第2項の規定を準用する。

第62条〔議院の国政調査権〕

両議院は、各々国政に関する調査を行い、これに関して、証人の出頭及び証言並びに記録の提出を要求することができる。

第64条〔弾劾裁判所〕

1 国会は、罷免の訴追を受けた裁判官を裁判するため、両議院の議員で組織する弾劾裁判所を設ける。

2 弾劾に関する事項は、法律でこれを定める。

第5章　内閣

第67条〔内閣総理大臣の指名〕

1 内閣総理大臣は、国会議員の中から国会の議決で、これを指名する。この指名は、他のすべての案件に先だって、これを行う。

2 衆議院と参議院とが異なった指名の議決をした場合に、法律の定めるところにより、両議院の協議会を開いても意見が一致しないとき、又は衆議院が指名の議決をした後、国会休会中の期間を除いて十日以内に、参議院が、指名の議決をしないときは、衆議院の議決を国会の議決とする。

第69条〔不信任決議と解散又は総辞職〕

内閣は、衆議院で不信任の決議案を可決し、又は信任の決議案を否決したときは、十日以内に衆議院が解散されない限り、総辞職をしなければならない。

第70条〔内閣総理大臣の欠缺又は総選挙施行による総辞職〕

内閣総理大臣が欠けたとき、又は衆議院議員総選挙の後に初めて国会の召集があったときは、内閣は、総辞職をしなければならない。

第73条〔内閣の職務権限〕

内閣は、他の一般行政事務の外、左の事務を行う。

三　条約を締結すること。但し、事前に、時宜によっては事後に、国会の承認を経ることを必要とする。

第6章　司法

第76条〔司法権の機関と裁判官の職務上の独立〕

1 すべて司法権は、最高裁判所及び法律の定めるところにより設置する下級裁判所に属する。

3 すべて裁判官は、その良心に従い独立してその職権を行い、この憲法及び法律にのみ拘束される。

第78条〔裁判官の身分の保障〕

裁判官は、裁判により、心身の故障のために職務を執ることができないと決定された場合を除いては、公の弾劾によらなければ罷免されない。裁判官の懲戒処分は、行政機関がこれを行うことはできない。

第79条〔最高裁判所の構成及び裁判官任命の国民審査〕

1 最高裁判所は、その長たる裁判官及び法律の定める員数のその他の裁判官でこれを構成し、その長たる裁判官以外の裁判官は、内閣でこれを任命する。

2 最高裁判所の裁判官の任命は、その任命後初めて行われる衆議院議員総選挙の際国民の審査に付し、その後十年を経過した後初めて行われる衆議院議員総選挙の際更に審査に付し、その後も同様とする。

3 前項の場合において、投票者の多数が裁判官の罷免を可とするときは、その裁判官は、罷免される。

4 審査に関する事項は、法律でこれを定める。

5 最高裁判所の裁判官は、法律の定める年齢に達した時に退官する。

6 最高裁判所の裁判官は、すべて定期に相当額の報酬を受ける。この報酬は、在任中、これを減額することができない。

第81条〔最高裁判所の法令審査権〕

最高裁判所は、一切の法律、命令、規則又は処分が憲法に適合するかしないかを決定する権限を有する終審裁判所である。

第8章　地方自治

第94条〔地方公共団体の権能〕

地方公共団体は、その財産を管理し、事務を処理し、及び行政を執行する権能を有し、法律の範囲内で条例を制定することができる。

第9章　改正

第96条〔憲法改正の発議、国民投票及び公布〕

1 この憲法の改正は、各議院の総議員の三分の二以上の賛成で、国会が、これを発議し、国民に提案してその承認を経なければならない。この承認には、特別の国民投票又は国会の定める選挙の際行われる投票において、その過半数の賛成を必要とする。

2 憲法改正について前項の承認を経たときは、天皇は、国民の名で、この憲法と一体を成すものとして、直ちにこれを公布する。

②用語集　本文中で青字になっている言葉を解説しています。

あ

IS（イスラム国）あいえす（いすらむこく）............9

イスラム過激派組織。中東のシリアやイラクを拠点としている。みずから国家樹立を宣言しているが、国際社会は国家としてみとめていない。みずからが信じている理想の社会の実現のために、テロや殺人などの犯罪をもおこなうため、危険視されている。

EU いーゆー............9

ヨーロッパ連合。ヨーロッパ諸国が国境をこえて政治や経済で協力しあうための共同体。1993年にマーストリヒト条約の発効により誕生し、1999年には共通通貨ユーロを導入。2016年現在、28か国が加盟している。

委員会 いいんかい............28、29、37、38、39

国会において、国会の本会議での審議に先立って、案件について調査や審議をする機関。議員のなかから選ばれた委員で構成される。継続的に活動をおこなう常任委員会と、あることがらに関して特別に設置される特別委員会とがある。

か

会派 かいは............21

国会の各議院のなかや地方議会のなかで、活動を共にしようとする議員の集まり。通常は政党を中心に結成される。会派の人数によって、委員会の委員数の割りあてや質問時間の配分などが決まる。

カエサル かえさる............15

ユリウス・カエサル（英語ではジュリアス・シーザー）。古代ローマの将軍・政治家（紀元前100〜紀元前44年）。内乱で勝利するなどして力を強めて単独支配者となり、さまざまな改革をおこなったが、そのような政治の方針が、伝統をふみにじるものであるとして反発を買い、暗殺された。

偽証罪 ぎしょうざい............38

法律のきまりにしたがって宣誓をした証人が、自分の記憶と異なることをあえて述べる罪。記憶ちがいなどで事実と異なることを述べることは罪にならない。

義務教育 ぎむきょういく............11

国民が、法律で定められた年齢に達した子どもに受けさせなければならない教育。現在の日本の教育制度では、6歳から15歳の9年間がその期間にあたる。

貴族 きぞく............6、7、18、19

代々、家を受けついで、国家から社会的特権を与えられた支配階級。日本では、平安時代から存在したとされ、明治維新後は「華族令」にもとづき「華族」とされたが、第二次大戦後は廃止された。

金正恩 きむじょんうん............15

朝鮮民主主義人民共和国（北朝鮮）の政治家、軍人（1984年〜）。現在、最高指導者。金正日の三男で、父の死によって地位を継承。

言論の自由 げんろんのじゆう............11

自分の思っていることや意見を自由に表現することのできる自由。日本国憲法では基本的人権のひとつとして第21条で保障されている。

公設秘書 こうせつひしょ............21

国会議員が国費でやとうことのできる秘書。国会法によって、公設第一秘書、公設第二秘書、政策担当秘書の3人までやとうことができる。

国庫 こっこ............21

国家に属するお金の出入りの管理や保管をおこなう機関。

さ

最低投票率 さいていとうひょうりつ............33

その投票が有効となるために必要な、有権者数に対する投票者の割合。

裁判官訴追委員会 さいばんかんそついいいんかい............37

非行や義務違反をした裁判官に、裁判官の仕事をやめさせるための訴追をおこなう機関。衆参両議院の議員各10名の委員で構成される。

歳費 さいひ............21

一年間にかかる費用。国会議員に対して国庫から支給される一年間の給与を指すこともある。

出廷 しゅってい............38

裁判に関することで法廷に入ること。

少年法 しょうねんほう............23

少年の健全な育成をはかるために、非行をおこなった少年に対する保護処分や、少年の関わる刑事事件の特別な手続きについて定めた法律。1948年に制定された。

信教の自由 しんきょうのじゆう............11

自分の信仰したい宗教を信仰したり、信仰したくない宗教を強制されたりしない自由、または宗教活動をおこなう自由。日本国憲法では基本的人権の一つとして第20条で保障されている。

枢密院 すうみついん............12

大日本帝国憲法下における天皇の最高諮問機関。1888年に設置され、国の重要なことがらについて話しあい、天皇に助言を与えた。1947年に廃止。

政策秘書 せいさくひしょ ……………………… 21

政策担当秘書の略。国会議員の政策の立案や立法活動を補佐するための秘書。国会法の改正により1994年から導入された。

全権委員 ぜんけんいいん ……………………… 31

国の政府を代表して外交をおこない、条約に署名・調印する権限をあたえられた人。

訴追 そつい ……………………………………… 37

刑事事件について検察官が公訴を提起すること、または裁判官や人事官について、仕事をやめさせるための弾劾の申し立てをすること。

た

治安維持法 ちあんいじほう ………………… 11

1925年、天皇制の変革をめざす団体や個人をとりしまることを目的に制定された法律。政府や軍に批判的な言論や思想をもつ、多くの社会運動が弾圧された。終戦後（1945年）に廃止。

調査会 ちょうさかい …………………………… 17

ある問題に対して総合的に調査して、政策や立法などに役立たせるために内閣や両議院に設置された機関。憲法改正について検討する憲法調査会や、税金の制度について審議する税制調査会などがある。

勅令 ちょくれい ………………………………… 11

大日本帝国憲法下での法の種類のうちのひとつ。当時の国会である帝国議会を通さずに天皇の権限で制定された命令。

統一地方選挙 とういつちほうせんきょ ……… 25

地方公共団体の議会議員や長の選挙期日を全国で統一しておこなう選挙。選挙作業にあたる職員の人件費などを減らすと同時に、地方選挙への有権者の関心を高めるねらいがある。日本では、1947年4月の第一回統一地方選挙以来、4年ごとにおこなわれている。

な

ナポレオン なぽれおん ………………………… 15

ナポレオン・ボナパルト。フランスの皇帝、軍人（1769～1821年）。コルシカ島出身。フランス革命に参加後、イタリア派遣軍の司令官として勝利を得て権力を増した。1799年のクーデターで執政となり、1804年に皇帝となった。ナポレオン法典という名の法律をつくったり、教育制度を整えたりするなど、フランスの近代化に大きく貢献した。全ヨーロッパを制覇しようとして敗れ、セント・ヘレナ島に流されて死没した。

は

ヒットラー ひっとらー ………………………… 15

アドルフ・ヒットラー。ドイツの政治家（1889～1945年）。第一次世界大戦後、ドイツ労働者党に入党、党名を国家社会主義ドイツ労働者党（ナチス）とかえて1921年に党首となった。世界恐慌による社会の混乱に乗じてナチスを拡大させ、1933年に首相、翌年には総統となって独裁体制を確立、第二次世界大戦を引きおこした。降伏直前に自殺。

表決 ひょうけつ ………………………………… 21

議会などの話しあいの場で、一定の議案について賛成や反対の意思を表明すること。日本の議院においては、議長が賛成者を起立させてその数を見る、起立表決がおこなわれることが多い。

富国強兵 ふこくきょうへい …………………… 10

強い国力をもつために、産業を育てることで国を豊かにし、その富で軍備をはかる政策。明治時代、西洋に追いつくために採用された。

プロシア ぷろしあ ……………………………… 10

プロイセンともいう。ドイツの北東に位置し、バルト海の南岸にある地方。1701年、プロイセン王国がフリードリヒ3世を王として成立した。分裂を続ける当時のドイツの中で台頭し、フランスとの普仏戦争の結果、プロイセン王国を中心としたドイツ帝国が成立。第一次世界大戦後にドイツ共和国の一部となり、第二次世界大戦後には東ドイツ・ポーランド・ソ連に分割された。

法制局 ほうせいきょく ………………………… 29

政治家の立法活動を補助するために、調査や審査をおこなう機関。現在日本には議院法制局（衆議院法制局、参議院法制局）と内閣法制局がある。

補正予算 ほせいよさん ………………………… 26

一度成立した国または地方公共団体の予算に関して、経費が不足した場合や予算を作成したのちに生じたことがらに対応するために追加、修正された予算。

ま

民法 みんぽう …………………………………… 23

市民間の財産や身分の関係などを定めた法律。

ら

連合国軍最高司令官総司令部（GHQ）
れんごうこくぐんさいこうしれいかんそうしれいぶ（じーえいちきゅー）
……………………………………… 12、13、18

第二次世界大戦後、敗戦した日本に対する占領政策を推進するために日本に駐留した連合国軍総司令部。英語の General Headquarters の略称。

さくいん

2〜48ページに出てくる言葉をのせています。

あ

違憲 いけん………………………2

違憲状態 いけんじょうたい………2

一院制 いちいんせい…………18、19

1票の格差 いっぴょうのかくさ

………………………………2、3

か

下級裁判所 かきゅうさいばんしょ

……………………………………36

課税権 かぜいけん………………7

間接民主制 かんせつみんしゅせい

……………………………………20

完全普通選挙 かんぜんふつうせんきょ

…………………………………12、25

議員提出法案 ぎいんていしゅつほうあん

…………………………………28、29

議会 ぎかい…6、7、9、16、18、19、47

貴族院 きぞくいん………………18

基本的人権の尊重

きほんてきじんけんのそんちょう…12、13

教育を受ける義務

きょういくをうけるぎむ………11

行政 ぎょうせい ………………14

行政権 ぎょうせいけん…… 3、11、14

行政府 ぎょうせいふ………………36

軍事権 ぐんじけん………………7

君主主権 くんしゅしゅけん………8

憲法 けんぽう…3、6、7、8、10、12、13、

14、15、16、18、21、29、30、32、33、

36、38、47

憲法改正 けんぽうかいせい

…………………………13、20、32、33

権利の章典 けんりのしょうてん

…………………………………7、8

国際条約 （条約）

こくさいじょうやく （じょうやく）

…………………………17、21、30、31

国事行為 こくじこうい……… 12、31

国政調査権 こくせいちょうさけん

……………………………………38

国民主権 こくみんしゅけん

………………………8、12、13、14、22

国民審査 こくみんしんさ ……20、36

国民投票 こくみんとうひょう

…………………………………20、32、33

国家 こっか…………………9、11

国会 こっかい

…2、3、13、14、16、17、20、21、22、

26、27、28、29、31、32、33、34、36、

37、38、39、42、43、44、45、46、47

国会議員 こっかいぎいん

…16、20、21、22、23、28、34、36、

37、38

国会議事堂 こっかいぎじどう

…………………40、44、45、46、47、48

国家の3要素 こっかのさんようそ

……………………………………9

さ

最高裁判所 （最高裁）

さいこうさいばんしょ （さいこうさい）

…………………………2、3、14、36

裁判 さいばん………………14、36、37

裁判官 さいばんかん……14、36、37

裁判官弾劾裁判所

さいばんかんだんがいさいばんしょ

……………………………………37

裁判所 さいばんしょ…3、11、14、36

参議院 さんぎいん

…16、17、18、19、20、23、26、27、

28、29、32、34、35、37、42、43、

45、47

参議院議員 さんぎいんぎいん

…………16、20、21、23、34、45

参議院議員選挙 （参院選）

さんぎいんぎいんせんきょ （さんいんせん）

…………………………2、13、22、23

参議院の緊急集会

さんぎいんのきんきゅうしゅうかい

……………………………………27

三権分立 さんけんぶんりつ

…………3、7、8、11、14、15、34

参考人招致 さんこうにんしょうち

……………………………………39

三すくみ さんすくみ……………15

ジェームズ2世 じぇーむずにせい

……………………………………7

司法 しほう………………13、14

司法権 しほうけん………3、11、14

衆議院 しゅうぎいん

…12、14、16、17、18、19、20、23、

26、27、28、29、32、34、35、37、42、

43、45、46、47

衆議院議員 しゅうぎいんぎいん

…………16、20、21、23、34、35

衆議院議員選挙 （衆院選）

しゅうぎいんぎいんせんきょ （しゅういんせん）

…………………………2、22、23

衆議院の優越 しゅうぎいんのゆうえつ
……………………17

主権 しゅけん …… 6、8、9、11、12、14

首相指名選挙 しゅしょうしめいせんきょ
……………………34

証人喚問 しょうにんかんもん
……………………38、39

条例 じょうれい …………16

ジョン王 じょんおう……………6

人権 じんけん ……………14

臣民 しんみん ……………11

臣民の三大義務 しんみんのさんだいぎむ
……………………11

税金 ぜいきん ………6、11、14、24

制限選挙 せいげんせんきょ………24

政党 せいとう …… 19、22、25、28、39

選挙 せんきょ
…2、9、14、16、19、20、22、23、24、
25、26、34

選挙権 せんきょけん
……………2、12、22、23、24、25

選挙の原則 せんきょのげんそく…22

総辞職 そうじしょく…………26、35

総選挙 そうせんきょ
……………12、16、23、25、26、27、35

▶た
大憲章（マグナカルタ）
だいけんしょう（まぐなかるた）…6、7

大日本帝国憲法
だいにっぽんていこくけんぽう
……………………10、11、12

多数決 たすうけつ…………8、22

弾劾裁判 だんがいさいばん
……………………14、36、37

直接民主制 ちょくせつみんしゅせい
……………………20

通常国会 つうじょうこっかい… 26、28
通常選挙 つうじょうせんきょ……23
帝国議会 ていこくぎかい…… 11、18
天皇 てんのう
…10、11、12、13、31、32、36、42、
43、47

統治機構 とうちきこう…………14
独裁者 どくさいしゃ…………15
独裁政治 どくさいせいじ…………15
特別国会 とくべつこっかい
……………………26、27、28

▶な
内閣 ないかく
…3、11、12、14、17、21、26、27、28、
31、34、35、36

内閣総理大臣 ないかくそうりだいじん
…………2、14、17、21、26、29、34

内閣提出法案 ないかくていしゅつほうあん
……………………28、29

内閣不信任 ないかくふしんにん
……………………14、17、35

二院制 にいんせい………16、18、19

日本国憲法 にほんこくけんぽう
…2、3、12、13、14、18、20、21、22、
32、33、34、35、36

納税の義務 のうぜいのぎむ ………11

▶は
被選挙権 ひせんきょけん …………23

不逮捕特権 ふたいほとっけん
……………………21、38

兵役の義務 へいえきのぎむ ………11
平和主義 へいわしゅぎ…………13
法案 ほうあん
……………17、21、26、28、29、39

法の下の平等 ほうのもとのびょうどう
……………………2

法律 ほうりつ
…6、9、10、14、16、17、20、21、23、
25、28、29、30、31、36

本会議 ほんかいぎ………… 29、43

▶ま
民主主義 みんしゅしゅぎ
……………………8、17、22

免責特権 めんせきとっけん………21
問責決議 もんせきけつぎ…………35
モンテスキュー もんてすきゅー
……………………7、15

▶や
有権者 ゆうけんしゃ…2、3、23、24、25
予算 よさん………16、17、21、26、28
予算案 よさんあん………………14

▶ら
立法 りっぽう……………14、16
立法権 りっぽうけん
……………3、7、11、14、28

立法府 りっぽうふ…12、28、34、36
両院協議会 りょういんきょうぎかい
……………………17、34

臨時国会 りんじこっかい………26

■ 監修

山根　祥利（やまねよしかず）

成蹊大学政治経済学部卒業。1978年、弁護士登録（東京弁護士会）。山根法律総合事務所所長。2004年4月より成蹊大学法科大学院（実務家）教授に就任。主な著書・監修に『Q&A ジュニア法律相談』全7巻（岩崎書店、2004年）、『子供の疑問に答える 先生のための気になる法律相談』（学事出版、2007年）、『28の用語でわかる！ 裁判なるほど解説』（フレーベル館、2009年）。

平塚　晶人（ひらつかあきひと）

東北大学法学部卒業。リクルート、光文社を経て、1996年よりフリーランスライター。人物取材ほか、スポーツ、アウトドア関連等の記事を雑誌に執筆。Number スポーツノンフィクション新人賞受賞（文藝春秋、1996年）。2015年、弁護士登録（第二東京弁護士会）。新東京総合法律事務所所属。主な著書に『地図の読み方』（小学館、1998年），『さくらを救え』（文藝春秋、2001年）、『二人のアキラ』（ヤマケイ文庫、2015年）。

■ 編集・デザイン／こどもくらぶ（木矢恵梨子、石井友紀）

あそび・教育・福祉分野で、毎年100タイトルほどの児童書を企画・編集している。

この本の情報は、2016年11月現在のものです。

■制作

株式会社エヌ・アンド・エス企画

■イラスト

中村智子

■写真協力（敬称略）

参議院事務局
衆議院憲政記念館
P21：Kure
P48：© top10top, © oben901,
　　　© kropic, © dbrnjhrj, © Eagle,
　　　© Mantis Design - Fotolia.com

今こそ知りたい！ 三権分立 ① 立法権ってなんだろう　　　　　　　　NDC323

| 2017年　1月30日　　　初版発行 |
| 2021年10月20日　　　2刷発行 |

監　　修	山根祥利・平塚晶人
発 行 者	山浦真一
発 行 所	株式会社あすなろ書房　〒162-0041　東京都新宿区早稲田鶴巻町551-4
	電話　03-3203-3350（代表）
印 刷 所	凸版印刷株式会社
製 本 所	凸版印刷株式会社

©2017　Yamane Yoshikazu, Hiratsuka Akihito
Printed in Japan

56p ／ 31cm
ISBN978-4-7515-2881-5